Hans und Doris Maresch

Frankens
Schlösser & Burgen

Husum

Umschlaggestaltung unter Verwendung von Motiven aus dem Buch
Alle Aufnahmen stammen vom Autor Hans Maresch.

Bibliografische Information der Deutschen Nationalbibliothek

Die Deutsche Nationalbibliothek verzeichnet diese Publikation in der Deutschen Nationalbibliografie; detaillierte bibliografische Daten sind im Internet über http://dnb.d-nb.de abrufbar.

Gesamtherstellung: Husum Druck- und Verlagsgesellschaft
Postfach 1480, D-25804 Husum – www. verlagsgruppe.de

ISBN 978-3-89876-383-7

Inhaltsverzeichnis

Vorwort

Die drei Regierungsbezirke Frankens können auf weit über 600 Burgen, Schlösser und Burg- oder Schlossruinen verweisen. Wir haben das Frankenland bereist und 275 dieser Bauwerke ausgewählt, die wir im vorliegenden Band vorstellen. Selbstverständlich sind nicht alle museal eingerichtet oder öffentlich zugänglich und deshalb bitten wir, respektvollen Abstand zu den Objekten zu wahren, die sich in Privatbesitz befinden. Oft bieten Besitzer die Möglichkeit, ihre Burg oder ihr Schloss von außen oder aber die Parkanlage zu besichtigen. Die Piktogramme zeigen auf einen Blick, was im und am Objekt vorzufinden ist. Die Vorstellung jeder Burg und jedes Schlosses in diesem Buch beginnt mit einem Kopfteil, der den Standort der Anlage mit Postleitzahl bezeichnet. Dabei geben wir zunächst den genauen Standort an und dahinter, falls es sich beim Standort nur um einen Ortsteil handelt, die Gemeinde, zu der der Standort gehört. Genannt wird jeweils auch der Landkreis. Das Objektregister ist analog gestaltet. Da es ein handlicher, mit Informationen zu vielen Burgen und Schlössern bestückter Reisebegleiter werden sollte, haben wir die Beschreibung nicht mit ausschweifendem Text gestaltet, sondern kurz die wichtigsten Fakten genannt.

Wir danken allen Schloss- und Burgbesitzern, Ortschronisten und Museumsmitarbeitern, die uns bereitwillig Material zur Recherche überließen und uns Zugang zu ihrem Besitz gewährten.
Seit Beginn unserer Recherchen können sich Veränderungen wie Eigentümerwechsel, Restaurierung des Baus u. a. vollzogen haben – über Informationen dazu sind wir immer dankbar. Wir wünschen Ihnen, liebe Leser, viel Freude und erlebnisreiche Tage beim Besuch der Burgen und Schlösser Frankens!

Das Frankenland

Unterfranken erstreckt sich im Westen über die Bayerische Rhön und den Spessart bis hin zum Odenwald und im Osten bis zum Landkreis Haßberge und dem Randgebiet Steigerwald. Hier schließt sich Oberfranken an, das im Norden bis zur thüringischen Landesgrenze mit dem Coburger Land reicht, sich mit dem Frankenwald und den Städten Kronach und Kulmbach fortsetzt und über Bayreuth und die Fränkische Schweiz hinzieht und an der tschechischen Grenze im Raum Hof mit dem Bayerischen Vogtland endet. Mittelfranken bildet das Ballungszentrum mit Nürnberg, Erlangen und Fürth. Es erstreckt sich nach Westen in die Region um Ansbach und das Fränkische Seenland bis in den südlichsten Bereich Weißenburgs.

Die Geschichte Frankens geht bis in das 3. Jahrhundert zurück, als die Franken in römische Grenzprovinzen und in Gallien eindrangen. Die niederrheinischen Salier wurden im 4. Jahrhundert von den Römern in Toxandrien (Nordbrabant) angesiedelt, fielen von dort im 5. Jahrhundert in Gallien unter Chlodio und Childerich I. aus dem Geschlecht der Merowinger ein, übernahmen die Führung des fränkischen Volksverbands und gründeten das Frankenreich. Gleichzeitig stießen die Rheinfranken gegen Mainz vor und besiedelten das Moselgebiet. Sie bildeten den Kern des späteren deutschen Stammes der Franken. Unzählige machtpolitische und wirtschaftlich-territoriale Auseinandersetzungen folgten. Pippin d. J. (III.) beseitigte 751 das Merowinger Königtum und ließ sich von den Franken zum König wählen und vom Papst (Stephan II.) die Salburg spenden. Sein Sohn, Karl der Große, sicherte mit seiner Krönung 800 das Reich. Seit dem 8. Jahrhundert ist in einem Teil des Frankenreiches die gesprochene germanische Sprache unter der Bezeichnung „deutsch" nachgewiesen. Seit dem 11. Jahrhundert wurde sie dann auf deren Sprecher („deutsche Leute") und ihre Wohngebiete („deutsche Lande") übertragen. Mit dem Tode Karls des Großen brach das Frankenreich auseinander und ging durch Erbteilung in einem Ost- und Westreich auf. Die Sprachgrenze zwischen Germanisch und Romanisch fiel zusammen. Es begann die eigentliche deutsche Geschichte. Der Übergang vom ostfränkischen zum deutschen Reich manifestierte sich bei der Königswahl Konrads I.

(911–918). Heinrich I. (919–936) setzte seine Oberhoheit durch, gewann verloren gegangene Gebiete zurück und sicherte das Reich durch Marken und Burganlagen.
Die Zeit des Burgenbaus hatte mit der Romanik (10.–13. Jh.) begonnen. Wenn auch vorerst als hölzerne Anlagen erbaut, entstanden im 11. Jahrhundert teils mächtige Burgen aus Stein. Franken konnte einst auf mehr als 600 Burgen verweisen, von denen die Mehrzahl im Laufe der Jahrhunderte zu Ruinen verfallen ist. Bedingt wurde der Burgenbau durch die landschaftliche Beschaffenheit, besonders der unter- und oberfränkischen Berge, die vom hoch- und mittelständischen Adel mit dem Bau der Burganlagen zum Schutze der wichtigen Handelsstraßen genutzt wurden. Wo diese landschaftliche Besonderheit fehlte, nutzte man geschickt Wasserläufe und Seen zum Bau von Wasserburgen. Viele Ritter schützten sich mit diesen Anlagen vor dem Einfluss und der Bedrohung durch die geistlich-weltlichen Herren von Bamberg und Würzburg oder die markgräflichen von Ansbach, Kulmbach-Bayreuth und die Nürnberger.
Die lange Geschichte und geografische Beschaffenheit Frankens erklärt somit auch, dass sich das Ballungsgebiet der Burgen in diesem Bereich Bayerns befindet. So sieht man heute noch teils gut erhaltene Bauwerke der Romanik in Franken, und auch die Gotik des 13. Jahrhunderts mit dem architektonisch aufstrebenden Baustil, die bis in das frühe 16. Jahrhundert hinein den Stil prägte. In Deutschland, ja ganz Europa, dominierte im 16. Jahrhundert die Renaissance, heute auch in Franken an vielen Schlössern zu bestaunen, ebenso wie der im 17. und 18. Jahrhundert favorisierte Barock. Im Hauptteil des vorliegenden Buches wird in der Kurzbeschreibung zur Historie darauf Bezug genommen.
Burgen und Schlösser faszinierten von jeher den Menschen. Besonders in unserer modernen, lauten und hektischen Zeit zieht es wieder viele Interessierte zu diesen Bauwerken der Geschichte, um hier Ruhe und Geborgenheit zu finden und sich geschichtliches Wissen anzueignen. Franken verspricht diesbezüglich erlebnisvolle und entspannende Stunden.

Die Piktogramme bedeuten

Burg

Burgruine

Schloss

Schlossruine

Museum

Park, Garten

Übernachtungsmöglichkeit

Gaststätte, Café, Imbiss

Veranstaltungen, Konzerte, Ausstellungen, Tagungen

Aussicht

Schlösser und Burgen von A–Z

Burg Abenberg
91183 Abenberg
Landkreis Roth

Westlich von Roth thront majestätisch und malerisch anzusehen die Burg Abenberg über dem gleichnamigen Städtchen. Sie war Stammsitz der Rangau-Grafen und wurde im Hochmittelalter von den mächtigen Grafen von Abenberg zu einer der größten Burganlagen ausgebaut. Auf dem heute noch zu besichtigenden mittelalterlichen Turnieranger, der vom berühmten Dichter Wolfram von Eschenbach im „Parzival“ erwähnt wurde, fanden in jener Zeit prächtige Ritterturniere statt. Nach dem Besitz der Hohenzollern im 13. Jahrhundert kam die Burg 1296 an die Bischöfe von Eichstätt, die sie bis 1806 als Verwaltungssitz nutzten, und fiel somit an Bayern. Nach wechselndem Besitz ab 1809 wurde die Burg gar als Steinbruch genutzt. Der Münchner Kunsthändler K. J. Zwerschina stoppte ab 1875 den Abbruch und begann mit Innen- und Außenerneuerungen. Von diesem übernahm Kammersänger Anton Schott 1881 den Besitz und baute den Schottenturm, den heutigen Hotelbereich. Die Stadt Abenberg erwirbt die Burg, gründet gemeinsam mit dem Landkreis Roth und dem Bezirk Mittelfranken einen Förderverein, der ab 1987 umfassende Sanierungen durchführt. Mit Hochzeitsfeiern

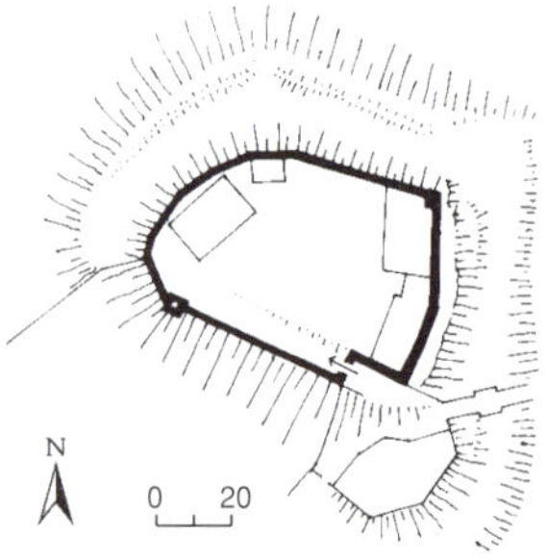

Burg Abenberg, Grundriss

Schottenturm, Burg Abenberg

wird die Burg im historischen Ambiente gern für den schönsten Tag im Leben von jungen Paaren genutzt. In der Burg befinden sich zwei Museen, das „Haus der fränkischen Geschichte“ und das „Klöppelmuseum“.

Burg Abenberg

Schloss Absberg

91720 Absberg

Landkreis
Weißenburg-Gunzenhausen

Absberg mit seinem Schloss liegt am Kleinen Brombachsee, nordöstlich von Gunzenhausen. Errichtet wurde der Sitz für die Absberger Vogtei um 1723/24 vom Ordensbaumeister Franz Keller und stellt eine stattliche Dreiflügelanlage mit Eckpavillons und Mansarddächern dar, deren Mitteltrakt mit einem Mittelrisalit versehen wurde. Die schlichte Gliederung weist am Erdgeschoss Bandrustika und an den Ecken der Obergeschosse verdoppelte Lisenen auf. Ein einfaches Portal ziert die Zufahrt am Westflügel. Die Innenräume werden durch Stuckdecken hervorgehoben und das Geländer des Treppenhauses ist mit geschnitzten Balustraden versehen. Im zweiten Obergeschoss befindet sich der Rittersaal, ebenfalls mit Stuckdecke von Band- und Ranken-

Schloss Absberg

werk sowie griechischen Emblemen, gestaltet von Franz Joseph Roth. Das Mittelgemälde mit vier Medaillons aus dem Jahre 1725 ist von B. Gambs. Die Kapelle liegt in der Osthälfte des Südflügels und dient heute als katholische Pfarrkirche St. Ottilia, deren Altar eine klassische Stuckmarmoranlage um 1780/90 darstellt. Heute erfüllt das Schloss die Funktion eines Pflegeheims.

Oben und unten: Schloss Adelsdorf

Schloss Adelsdorf

91325 Adelsdorf

Landkreis Erlangen-Höchstadt

In Adelsdorf, östlich von Höchstadt an der Aisch gelegen, liegt das heutige Schloss, wo einst die abgegangene „Altenburg“ stand. Um 1120 wurde hier eine Wasserburg gebaut, 1430 im Hussitenkrieg sowie nochmals im Bauernkrieg 1525 zerstört und in den nachfolgenden Kriegswirren wiederum beschädigt. Das Anwesen ist ein alter Adelssitz und war Herrschaftszentrum der Schlüsselberger bis zu deren Aussterben 1347. Danach wechselten die Besitzer häufig. Der Vorgängerbau des heutigen Schlosses wurde um 1666 eingeebnet. Das heute bestehende ursprünglich hufeisenförmige Schloss bauten die Stiebars im Jahre 1592. Mitte des 17. Jahrhunderts ging es an die von Bibra über. Der runde Treppenturm fällt in die Zeit von 1614 und das Portal mit Bibrawappen stammt aus dem Jahre 1600. Der Mittelbau wurde 1826 mit einem Treppengiebel versehen und 1836 der baufällige rechte Schlossflügel abgerissen. Die geschwungenen Andreaskreuze im Fachwerkgiebel sind sehr dekorativ und sollten böse Geister abschrecken. Von einer Weißen Frau ist in einer Sage die Rede, die durch die Räume des Schlosses wandelt. Die Gemeinde Adelsdorf erwarb 1993 das Schloss. Mehrmals im Jahr finden hier Ausstellungen statt und für Trauungen wurden Räumlichkeiten hergerichtet.

Schloss Ahorn

96482 Ahorn

Landkreis Coburg

Der erstmals 1075 genannte Ort mit seiner ehemaligen Burganlage grenzt nördlich unmittelbar an die Kreisstadt Coburg an. Diese war im 16. Jahrhundert Besitz der Münzmeister von Rosenau, die hier um 1555 einen Schlossneubau errichteten. Dieser ist eine charakteristische Anlage des 16. Jahrhunderts, mit massivem Vorbau, zwei runden Ecktürmen und einem hohen Traufdach mit Zwerchgiebel. Hof- und Hinterhaus sind gleichfalls mit Türmen bewehrt. Beachtenswert ist die Spindeltreppe mit Prunkportal aus dem Jahre 1621. Die sich westlich anschließenden Wirtschaftsgebäude, wie sie sich in der heutigen Form zeigen, stammen vom Ende des 17. und Anfang des 18. Jahrhunderts. Im 17. Jahrhundert erweiterten die Herren von Streitberg das Schloss, das 1876 restauriert wurde und sich heute im Privatbesitz befindet.

Schloss Ahorn

Schloss Hohenstein

96482 Ahorn/Hohenstein

Landkreis Coburg

Das bei Ahorn auf einem Berg gelegene Schloss wurde erstmals urkundlich 1306 als „Castrum Hohenstein in dem Grabfelde“ erwähnt und war im Besitz der Gräfin Jutta von Henneberg. Herzog Wilhelm zu Sachsen belehnte 1456 nach mehrfachem Besitzerwechsel die Brüder Hans und Thomas von Lichtenfels mit der

Ahorn

Schloss Hohenstein, Ahorn

Burghut „zu dem Hohen Steyn“, die von bambergischen Vasallen 1466 zerstört wurde. Sein Schicksal erfuhr das Schloss 1525, als es im Bauernkrieg von Aufrührerischen bis auf die Grundmauern zerstört wurde. 1573 entsteht unter Michael von Lichtenstein ein Neubau, der durch Gustav von Imhoff von der Burg zum Schloss mit Parkanlage umgestaltet wird. Zum Ende des Dreißigjährigen Krieges, als sich die schwedischen Truppen 1648 bereits zurückzogen, wurde das Schloss geplündert und kam 1653 durch Kauf an Christoph von Thüna, einen brandenburgischen Amtmann zu Schauenstein. Im Jahre 1741 wurde das Schloss an den Ansbacher Kammerjunker Adam von Schauroth verkauft und 22 Jahre später erwarb es wiederum ein Imhoff, der Generalleutnant Philipp Ernst, Freiherr von Imhoff, im braunschweigischen Dienst stehend. Dieser und seine Nachfahren gaben dem Schloss und Park das heutige Aussehen. Aufgrund der Reichsverfassung wurde 1921 Hohenstein Freieigener Besitz, ging während des Zweiten Weltkrieges 1941 durch Verkauf an die damalige Deutsche Reichspost und wurde als Posterholungsheim genutzt. Die Deutsche Bundespost nutzte das Schloss zunächst weiter, bis es an die Caritas zur Nutzung als Altenheim verpachtet wurde. 1976 ging es durch Verkauf an Oskar Hacker aus München. Von 1987 bis 1993 begann man mit umfangreichen Restaurierungsarbeiten, worauf die Anlage 1996 verpachtet und als Hotel mit Gastronomie gestaltet wurde. Konzerte im Schlosspark sind kulturelle Höhepunkte.

Burg Rabenstein

95491 Ahorntal/Rabenstein
Landkreis Bayreuth

Südlich von Waischenfeld, über dem schönen Ahorntal in der Fränkischen Alb, erhebt sich die Burg Rabenstein, deren Geschichte 1188 ihren Anfang hat. Der urkundlich nachgewiesene Ahnherr Eschwin de Rabenstein ließ in der zweiten Hälfte des 12. Jahrhunderts die Burg errichten. Schon 1219 übernahmen sie die Schlüsselberger, denen das Ministerialgeschlecht der Groß von Trockau folgte, die die Anlage weiter ausbauten. Die Nürnberger Burggrafen übernahmen 1349 den Besitz, der in der Folgezeit mehrfach zerstört und wiederaufgebaut wurde. Konz von Wirsberg baute 1495 die Burg vollständig in Stein neu, auf die 1557 die Rabensteiner zurückkehrten. Noch vor dem Dreißigjährigen Krieg errichtete Daniel von Rabenstein 1570 eine neue Renaissanceanlage und verlieh der Burg ein schlossähnliches Aussehen. Dem Krieg fiel die Anlage völlig zum Opfer. Das Geschlecht der Rabenstein starb 1742 aus und unter dem Grafen von Schönborn entstand 1830 eine barocke Schlossanlage, die bis 1975 im Besitz dieser Familie war. Ludwig I. König von Bayern und seine Gemahlin Theresie zählten zu den bekanntesten Gästen. Die Burg Rabenstein Event GmbH übernahm 2004 das Anwesen und die Burg wurde zum Hotel umgebaut. Heute werden Tagungen und Seminare durchgeführt und junge Paare feiern ihre Hochzeit im romantischen Stil. Hotel und Gutsschenke bieten Möglichkeiten für weitere Feste und Veranstaltungen. Die interessanten Vorführungen der Falknerei werden gern besucht.

Burg Rabenstein, Ahorntal

Altenstein

Burgruine Altenstein

96126 Altenstein/ Markt Maroldsweisach
Landkreis Haßberge

Nordwestlich von Ebern, in Richtung Maroldsweisach, vor dem Kreuzungspunkt nach Coburg, liegt die Burgruine, die 1225 mit einem Marquard Magnus de antiquo lapide – Marquard der Große vom alten Stein – erstmals urkundlich in Erscheinung tritt. Im Jahre 1232 wird sie als Castrum und Burgkirche bezeichnet. Der Stammsitz der Stein von Altenstein liegt 150 m über dem Baunachtal, wurde 1525 im Bauernkrieg zerstört und 1567 durch Wolf Dietrich von Stein wieder aufgebaut. Wiederholt 1632 während des Dreißigjährigen Krieges zerstört und gebrandschatzt, verfiel die Anlage ab dem Jahre 1703 nach einer Notinstandsetzung. Die Freiherren von Stein verlassen die Burg und beziehen ihr neues Schloss in Pfaffendorf. 1875 stirbt das Geschlecht der von Stein aus. Die Ganerbenburg, in der zeitweise sieben Familien wohnten, kam 1895 an die Freiherren von Rotenhan und schließlich 1972 an den Landkreis Haßberge. Sie ist eine der größten Burgruinen Frankens, von der man eine umfassende Sicht auf die Haßberge bis zur Rhön und nach Thüringen hat. In Zusammenarbeit mit dem Naturparkverein saniert der Landkreis seit 1975 die Anlage und macht sie der Öffentlichkeit zugänglich. Beim Besuch der Burgruine tritt man durch den Torbau aus dem 17./18. Jahrhundert und erblickt den Rest eines Bergfrieds aus Buckelquadern des 13. Jahrhunderts. Zu erkennen sind weiterhin ein großer Zwinger auf der Nordseite mit Brücke sowie Reste einer Renaissancebefestigung von 1567 und Teile der stattlichen spätgotischen Burgkapelle.

Burgruine Altenstein

Burg Alzenau und Schloss Wasserlos

63755 Alzenau i. UFr.

Landkreis Aschaffenburg

Das Städtchen Alzenau in Unterfranken mit seiner dominant hoch oben auf einem Felsvorsprung oberhalb der Kahlaue liegenden **Burg** befindet sich ganz im Westen nahe der hessischen Grenze, nicht mehr als 10 km von Hanau entfernt. Die aus einem Palas mit Hof bestehende Kernburg mit nur 320 m² Fläche entstand auf einem isolierten Hügel. Sie wurde von den Mainzer Kurfürsten zur Erweiterung ihrer Landeshoheit zwischen 1395 und 1399 errichtet. Die weiteren Bauten stammen aus dem 15. Jahrhundert. Der erste schriftliche Nachweis geht auf das Jahr 1399 zurück. Die annähernd ovalförmige Anlage besteht aus einer großen ummauerten Vorburg, in der sich heute die Gebäude des Amtsgerichtes befinden. An der Nordostseite erhebt sich eine 14 Meter hohe Mantelmauer. Als „Paradebeispiel deutscher Burgenbaukunst" wurde der im Stil der Spätgotik gestaltete obere Rittersaal bezeichnet. Inmitten der Hauptburg steht der mit Ecktürmen versehene dreigeschossige Palas, in dessen oberstem Geschoss ein großer Saal mit Kamin, zierlichen Kapellenerkern und Sitznischen an den Fenstern gestaltet wurde. Alzenau bekam seinen Namen erst ab 1816, bis dahin nannte sich der Ort Wilmüdsheim. Gelegentlich gibt es Führungen und Theatervorstellungen auf der Burg.

Burg Alzenau, Alzenau i. UFr.

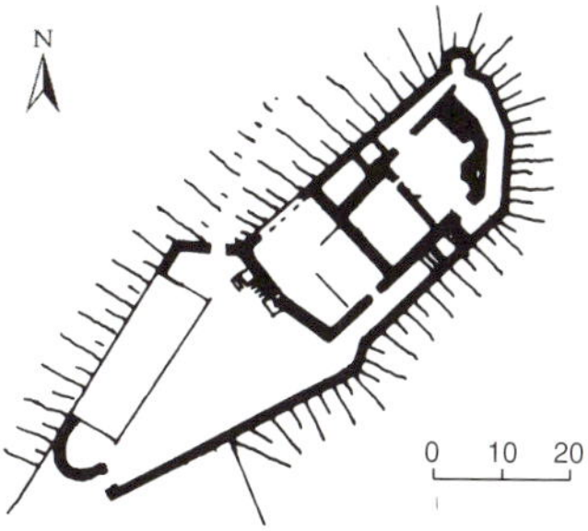

Burg Alzenau, Alzenau i. UF., Grundriss

Schloss Wasserlos, Alzenau i. UFr.

Wasserlos ist ein Ortsteil südlich von Alzenau. Die Vorgängeranlage des heutigen **Schlosses** wurde im 14. Jahrhundert durch die Herren von Schellriss gebaut. Nur wenige Relikte sind heute am Kulturweg im Park zu entdecken. König Ruprecht von der Pfalz ließ die Burg 1405 zerstören, worauf die Schellriss einen neuen Bau in der Nähe des Dorfes errichteten. Im Jahre 1504 verstarb der letzte männliche Nachkomme dieser Familie, worauf das Gut häufig die Besitzer wechselte. Als Prinz Ludwig Eugen, Sohn des Herzogs von Württemberg, 1767 die Anlage erwarb, ließ er den alten Rittersitz abreißen und errichtete ein repräsentatives Schloss. Es wurde ein Landschaftsgarten im englischen Stil angelegt. Der spätere Besitzer Marquis de Chasteler baute das Schloss aus. Ein um 1800 errichteter Pavillon wurde als Teehaus im Park integriert. 1845 erwarb Ludovica, Freifrau von des Bordes, geb. Brentano von La Roche, das Schloss Wasserlos, da sie näher an Aschaffenburg, in der Nähe ihres Bruders Christian von Brentano, leben wollte. Ein Schwiegersohn, Moritz Graf von Bentheim, gründete den „Verein zur Beförderung der Kreis- und Blindenanstalt". Nach weiteren Besitzerwechseln wurde 1945 das Schloss der Stadt Alzenau übertragen und Kreiskrankenhaus. Der Park ist für die Öffentlichkeit zugänglich.

Schloss Amorbach

63916 Amorbach

Landkreis Miltenberg

Amorbach, nahe am Naturpark Bergstraße-Odenwald und südlich der Kreisstadt Miltenberg gelegen, besitzt seit 1803 eine Residenz der Fürsten zu Leiningen. Die südlich der Kirche befindlichen Langflügel sind durch zwei parallele Quertrakte verbunden und der Westflügel aus der Mitte des 17. Jahrhunderts bekam 1783 gegen die Kirche eine Verlängerung. Die Schauseite liegt am Ostflügel und wurde von Franz Ignaz Neumann 1783 bis 1789 geschaffen. An der Südseite der Kirche befindet sich der sogenannte Kirchengang mit Säulen vom Anfang des 13. Jahrhunderts. Im Schloss kann man heute Räume zu Festlichkeiten mit fürstlichem Ambiente mieten und die Konzerte in der Kirche erfreuen sich großer Beliebtheit.

Oben und unten: Schloss Amorbach

Residenz

91522 Ansbach

Die ehemalige Residenz- und heutige Kreisstadt Ansbach liegt am südlichen Ausläufer des Naturparks Frankenhöhe. In ihrem Zentrum liegt die prachtvolle Residenz mit ihrem Hofgarten. Sie entwickelte sich einst aus einer Wasserburg, die der Nürnberger Burggraf Friedrich VI., der spätere Kurfürst Friedrich I. von Brandenburg, in den Jahren 1397 bis 1409 errichten ließ. Im Jahre 1456 erhob Markgraf Albrecht Achilles Ansbach zur hohenzollerschen Residenz. Unter Kur-

Residenz, Ansbach, Orangeriegarten

Residenz, Ansbach

fürst Georg Friedrich wurde die gotische Burg 1586 dann in ein neuzeitliches Schloss im Stil der Renaissance umgewandelt, unter Einbeziehung des Architekten Blasius Berwart d. Ä., der jedoch bereits 1590 starb. Der Ulmer Baumeister Gideon Bacher vollendete das Werk. Die heutige Residenz ist dem berüchtigten Carl Wilhelm Friedrich zu verdanken, genannt der wilde Markgraf, der sie durch Leopold von Retti 1744 vollenden ließ. Der Innenausbau mit den dekorativen Prunkräumen war 1775 abgeschlossen. Der damals regierende Markgraf Karl Alexander von Brandenburg-Ansbach verzichtete 1791 auf seine Herrschaftsgebiete und trat die Residenz an seinen preußischen Verwandten und König Friedrich Wilhelm II. ab. 1806 fielen die beiden Fürstentümer Ansbach und Bayreuth an das Königreich Bayern. Der Hofgarten mit Orangerie und Pomeranzenhaus gehört zu den bedeutendsten Parkanlagen Mittelfrankens. Begonnen wurde mit dieser Anlage bereits 1723, als östlich vom Schloss im Auftrag der Markgräfin Christiane Charlotte von Ansbach 1726 die Orangerie gebaut wurde. In diesem Hofgarten wurde der Findling Caspar Hauser am zweiten Pfingstfeiertag 1828 von einem Unbekannten niedergestochen.

Schloss Arnstein

Schloss Arnstein

97450 Arnstein

Main-Spessart-Kreis

25 Kilometer nördlich von Würzburg liegt das Kleinstädtchen Arnstein mit seiner gewaltigen Schlossanlage. Erbaut wurde sie von Würzburger Fürstbischöfen und diente diesen als Sitz. Amtmänner, meist Mitglieder der Fa-

milie von Hutten, hielten sich ebenfalls einige Zeit hier auf. Nach dem Bauernkrieg erneuerte man von 1540 bis 1544 das Schloss. Zu finden sind hier noch Reste des Berings mit zwei Rundtürmen. Fürstbischof Friedrich Karl von Schönborn ließ ein neues stattliches Gebäude errichten, das im Jahre 1730 vollendet wurde. Einst Amtsgericht, beherbergt es heute ein Alten- und Pflegeheim.

Schloss Aschach

97708 Aschach/
Markt Bad Bocklet
Landkreis Bad Kissingen

Schloss Aschach ist eine malerisch 10 km nördlich von Bad Kissingen über der Saale gelegene Anlage. Graf Poppo VII. von Henneberg übertrug im Jahre 1245 das Schloss seinem Sohn Heinrich, und 1391 kaufte Dietrich von Bibra die Anlagen. Ein Jahrhundert später, 1491, kam Schloss Aschach in den Besitz des Hochstiftes Würzburg. Die Fürstbischöfe nutzten es als „Absteige", wenn sie in Kissingen kurten. Nachdem der Würzburger Fürstbischof Julius Echter von Mespelbrunn das Schloss seinem Bruder Valentin Echter vermacht hatte, folgte diesem König Gustav Adolf von Schweden nach der Einnahme Aschachs durch sein Heer, der es einem seiner Generäle, Graf Brandenstein, schenkte. Die einstige Burg wurde im Bauernkrieg 1525 und im Markgrafenkrieg 1553 geplündert und niedergebrannt. Von ihr ist nur der Bergfried übrig geblieben. In den Jahren 1829 bis 1861 befand sich im Schloss die Steingutfabrik Sattler und 1874 erwarb es der unterfränkische Regierungspräsident Graf von Luxburg. Der Bezirk Unterfranken bekam das Schloss samt Zubehör 1955 von den Luxburgern geschenkt und richtete 1957 das Graf-Luxburg-Museum ein. Hoch in Würde und Rang stehende Persönlichkeiten waren aus dem Staatsbad Bad Kissingen hier Gäste, wie Otto von Bismarck, Kronprinz Friedrich Wilhelm und Großfürst Wladimir von Russland, der Kunsthistoriker Georg Dehio und der Maler Adolf von Menzel.

Schloss Aschach

Der unregelmäßig viereckig ummauerte dreigeschossige Wohnbau brannte in den Jahren 1525 und 1553 ab und wurde von 1559 bis 1579 mit einer Freitreppe und schönem Maßwerkgeländer sowie Treppengiebel wiederhergestellt. Im ersten Obergeschoss befindet sich eine große Halle mit reich geschnitztem Balkenwerk von 1572 und in den zwei Räumen prächtige Kachelöfen der Spätrenaissance. Einer dieser Öfen trägt das Wappen des Fürstbischofs Peter Philipp von Dernbach (1675–1683). Die Schlosskapelle mit Sterngewölbe liegt im turmartigen Ausbau, dem gegenüber sich das sogenannte Kleine Schloss, bezeichnet mit den Jahreszahlen 1527 und 1530, befindet. Im Luxburg-Museum kann der Besucher Möbel und Wohnausstattung des 16. bis 19. Jahrhunderts besichtigen, die durch reiche Sammlungen der Grafen Luxburg geprägt sind. Die Interieurs sind von exemplarischer Bedeutung für die Wohnkultur des späten 19. Jahrhunderts.

Schloss Johannisburg Schlösschen und Park Schönbusch

63739 + 63741 Aschaffenburg

Schloss Johannisburg war die ehemalige Residenz der Mainzer Erzbischöfe und Kurfürsten. Die erste Erwähnung als „castrum antiquum“ geht auf das Jahr 1122 zurück. Die spätgotische Anlage des 16. Jahrhunderts hatte bereits die unge-

Schloss Johannisburg, Aschaffenburg

fähre Größe des heutigen Schlosses. Ihr mächtiger Bergfried des 14. Jahrhunderts wurde von Bischof Johann von Nassau Anfang des 15. Jahrhunderts erhöht. Zerstört wurde dieser 1552 durch Markgraf Albrecht Alcibiades von Kulmbach-Bayreuth, doch Erzbischof Johannes Schweickard von Kronberg ließ ihn von 1606 bis 1616 durch den Baumeister Georg Ridinger aus Straßburg wieder aufbauen. Für Friedrich Carl von Erthal erfolgten im späten 18. Jahrhundert durch Emanuel Joseph von Herigoyen Umbauten am Schloss, anschließend eine Neumöblierung für den bayerischen König Ludwig I. Nachdem 1945 das Schloss durch Brand und Bomben schwer beschädigt worden war, entstand ein streng symmetrischer einheitlicher Neubau als Vierflügelanlage um einen quadratischen Hof. Sie zählt zu den bedeutendsten Anlagen der deutschen Renaissance. Die wertvollen geschnitzten Türen, Mosaikböden, Stuckdecken und Wandgemälde gingen bei den Umbauten des 18. Jahrhunderts verloren. In der heutigen Galerie befindet sich ein Großteil des Aschaffenburger Gemäldebestandes. Das Schlossmuseum zeigt Ausstellungen zur Stadtgeschichte, Fachsammlungen, Fayencen, Steinzeug, Porzellan, Zinn, Glas, Silber und Möbel sowie die staatliche Sammlung der deutschen und englischen Druckgrafik. Die Staatsgalerie beherbergt die Filialgalerie der bayerischen Staatsgemäldesammlung europäischer Malerei des 15. bis 18. Jahrhunderts. Alljährlich werden im Schloss Johannisburg zu verschiedenen Anlässen Konzerte und andere musikalische Veranstaltungen durchgeführt.

Schlösschen und Park Schönbusch, Aschaffenburg

Die Anlage des **Parks Schönbusch** am Rande der Stadt Aschaffenburg wurde durch Friedrich Carl von Erthal 1776 angeregt und unter künstlerischer Leitung des Ministers Graf Wilhelm von Sickingen begonnen. Es war die erste Gartenanlage eines neuen Landschaftsstils in Süddeutschland. Im Jahre 1785

berief man den Schwetzinger Friedrich Ludwig Schell für die weitere Gartenplanung. Dieser gestaltete den Übergang von der lyrisch-sentimentalen Phase zum klassisch freien und großräumigen Garten.
Emannuel d'Herigoyen baute von 1778 bis 1782 das frühklassizistische **Schlösschen**, das von 1932 bis 1933 restauriert und eingerichtet wurde. Es bekam eine vornehme Ausstattung mit Stuckaturen von Johann Peter Metz und Franz Joseph Walter. Die dekorative Malerei stammt von Edmund Seeland und die Möbel von Ludwig Hermann und Heinrich Hennemann. Der Tanzsaal wurde um 1800 gestaltet. Eine Reihe weiterer Kleinbauten, Pavillons, Speisesaal, Freundschaftstempel, Philosophenschule u. a. zieren die Parkanlage. Besucher können neben wechselnden Ausstellungen im Schlösschen die Ruhe und Geborgenheit, Kulinarisches in der Gaststätte oder Bootsfahrten auf dem Teich genießen.

Schloss Atzelsberg, Atzelsberg

Schloss Atzelsberg

91080 Atzelsberg/
Gem. Marloffstein
Landkreis Erlangen-Höchstadt

Nördlich von Erlangen befindet sich der Sitz Atzelsberg, der wohl bereits im 13. Jahrhundert bestanden hat und 1425 erstmals erwähnt wurde. 1631/32 wurde er verwüstet und 1705 ein Neubau durch den Nürnberger Kaufmann Johann Konrad von Seutter erschaffen. Es ist ein frei stehender, von einem Wassergraben umgebener dreigeschossiger Quaderbau über quadratischem Grundriss, dessen wohlproportioniertes Gebäude durch das gebrochene Walmdach und die Portalgruppe mit Pilastern und übergiebeltem Fenster akzentuiert ist. Die Kommune verkaufte das 1960 erworbene Schloss an die Familiengesellschaft Johann Schorr und seit September 2005 erstrahlt es in neuem Glanz. Die Räumlichkeiten stehen für Feste und Veranstaltungen zur Verfügung. Hier werden auch Konzerte gegeben.

Schloss Unteraufseß, Aufseß

Schloss Unteraufseß

91347 Aufseß

Landkreis Bayreuth

Aufseß liegt in der Fränkischen Schweiz, zwischen Hollfeld und Heiligenstadt i. Oberfranken, und das Schloss steht im südlichen Ortsteil Unteraufseß. Bewohnt wird der Herrensitz noch heute von dem edelfreien Geschlecht Oberfrankens, nach dessen alter Stammburg 1114 sich der liber homo Herok de Ufsaze nannte. Die ältesten Teile der Burg lagen östlich des Halsgrabens mit einem viereckigen Turm, der nur mit einer Leiter erstiegen werden konnte. Im nördlichen Bereich entstand das 1395 erstmals genannte Meingoz-Steinhaus, das wesentlich älter und auf Meingoz I. von Aufseß zurückzuführen ist. Auch die 1395 nachgewiesene Kemenate Ulrichs I., um 1820 abgebrochen, und die Schlosskapelle St. Blasius zählten zum alten Bau. Eine zweite Kemenate mit Tor ließ Otto I. von Aufseß errichten, welches das heutige Burgtor darstellt. An Ottos Bau fügten 1615 Jakob von Aufseß und seine Gemahlin Katharina von Wiesenthau einen neuen Flügel und vermutlich auch die drei Rundtürme mit Zwiebelhauben an. Die Aufseß wurden im 14. Jahrhundert stark von den Nürnberger Burggrafen und vom Hochstift Bamberg bedrängt, die Gewartungs- und Öffnungsrechte (Dienstverträge in Kriegszeiten) an Teilen der Burg erzwangen. In der großen Fehde von 1378 mussten sich die Aufseß den zollerischen Burggrafen unterwerfen. Aufseß war eine Ganerbenburg des Geschlechts und somit ein Verkauf an Fremde untersagt. In den Hussiten- und Bauernkriegen kam es an der Burg zu schweren Schäden, doch 1537 war sie weitgehend wiederhergestellt. Im Dreißigjährigen Krieg brannte die Anlage aus, die innere Veste wurde erst 1677 wiederhergestellt. Zu dieser Zeit residierten die Brüder Friedrich und Karl Heinrich von Aufseß auf der Burg, die sich später zerstritten. Karl Heinrich baute sich daraufhin 1691 das Schloss Oberaufseß und zog sich dorthin zurück und trat nach weiteren Auseinandersetzungen mit dem Bruder seinen Anteil am Stammschloss Unteraufseß an diesen ab. Der Familienzwist dauerte bis 1755 an. Das Königreich Preußen erzwang 1799 den Huldigungseid der Aufseß, bis 1803 Bayern die Herrschaft übernahm und 1806 die Reichsunmittelbarkeit der Güter aufhob. Als 1800 die katholische Linie der Unteraufseß ausstarb, wurde der Gesamtbesitz wieder vereinigt. Doch 1850/51 wurde der Besitz erneut geteilt, indem Oberaufseß an Alexander von Aufseß und Unteraufseß an den geschichts- und kunstbegeisterten Hans von Aufseß fiel. Letzterer gründete 1852 das Germanische Nationalmuseum zu Nürnberg. Im Schloss, das sich heute im Besitz eines Mitglieds der Familie von Aufseß befindet, kann man neben Ferienwohnungen auch Räumlichkeiten für Veranstaltungen anmieten.

Schloss Wahrberg

91589 Aurach

Landkreis Ansbach

Aurach liegt südwestlich von Ansbach, nahe der A 6. In der Zeit von 1200 bis 1398 lassen sich hier die Herren von Aurach nachweisen. Am 5. Juli 1200 erteilt König Philipp von Hohenstaufen in Würzburg Heinrich von Aurach die persönliche königliche Freiheit und stellt ihn und seine gesamte Verwandtschaft unter königlich-herrschaftlichen Schutz. Die Nachfolger, die Herren von Mörnsheim, überneh-

Schloss Wahrberg, Aurach

men im 14. Jahrhundert die Auracher Wasserburg, doch schon 1375 überlassen Heinrich und Conrad von Mörnsheim ihr Festes Haus für sechs Jahre den Grafen Kraft und Gottfried von Hohenlohe. Im Jahre 1449 wird Aurach im Städtekrieg zwischen dem Markgrafen Albrecht Achilles von Brandenburg-Ansbach und dem schwäbisch-fränkischen Städtebund vom Söldnerheer des fränkischen Städtebundes niedergebrannt, worauf 1511 aufgrund von Baufälligkeit die Wasserburg abgerissen wird. An deren Stelle entsteht ein Schlösschen. Von da ab dürfte das Anwesen wohl zum Wohnsitz der neu errichteten Vogtei bestimmt worden sein. Von 1618 bis 1648 wird im Dreißigjährigen Krieg Aurach schwer in Mitleidenschaft gezogen. 1715 wird auf Burg Wahrberg der spätere Eichstätter Fürstbischof Johann Anton von Zehmen geboren, der von 1781 bis 1790 als Fürstbischof in Eichstätt wirkte. 1791 tritt der Markgraf von Ansbach sein Fürstentum an das Königreich Preußen ab. 1796, nach Bekanntgabe der Besitzergreifung durch König Friedrich Wilhelm II. von Preußen, werden Aurach und Weinberg ebenfalls preußisch und 1806 kommen beide Orte mit Schloss Wahrberg an das neue Königreich Bayern. Heute dient das Schloss als Rathaus. Nebenan befindet sich das Vogteimuseum.

Schloss Bad Alexandersbad

95680 Bad Alexandersbad

Landkreis Wunsiedel

Schloss Bad Alexandersbad

Östlich des Fichtelgebirges und nördlich von Wunsiedel liegt Bad Alexandersbad, dessen Heilquelle bei Sichersreuth 1734 entdeckt und die Quellfassung 1741 vorgenommen wurde. Zuvor erwarb Markgraf Friedrich von Bayreuth diesen Bereich, doch schon im Jahre 1783 ließ Markgraf Alexander von Ansbach und Bayreuth das Schloss mit den Anlagen erbauen und nannte es Alexandersbad. Selbstverständlich standen bald herrschaftliche Gästezimmer für den Adel und gut betuchte Gäste bereit, die aus allen Regionen kamen und im Badehaus Erholung sowie Genesung suchten. Eine besondere

Ehrung für das Bad war der dreiwöchige Aufenthalt von Königin Luise von Preußen und ihrem Gemahl König Friedrich Wilhelm III. im Jahre 1805, als Alexandersbad preußisch war. Heute zeigt sich dem Kurgast und Besucher ein schlichter Rechteckbau mit Mittelrisalit, der mehrfach umgebaut wurde und jetzt Senioren als Heim dient.

Burgruine Botenlauben

97688 Bad Kissingen

Landkreis Bad Kissingen

Am südöstlichen Rand der Kreisstadt, auf einem Berg gelegen, ragen die steinernen Zeugen der einstigen Burg Botenlauben über der Stadt empor. Schon 802 übergab ein Buto das Erbgut seines Vaters zu Nüdlingen. Dass die Burg wohl schon zu jener Zeit bestand, bewohnt und wahrscheinlich noch mit Holz gebaut war, bezeugen Keramikfunde aus dem 8. bis 19. Jahrhundert in der Nordburg. Von der Anlage des 12. bis 13. Jahrhunderts sind geringe Reste des gestreckten Berings und in der Nord- und Südecke Rundtürme aus Buckelquadern erhalten geblieben. Im Zuge der Erbteilung erhielt Graf Otto I. die Burg Botenlauben. Er bezeugte am 24. Januar 1206 eine Schenkung an das Kloster Langheim bei Bamberg und nannte sich von da an von Botenlauben. Dieser errichtete in der Südburg den Rundturm, das Amtmann- und Zugbrückenhaus, in der Vorburg das Torhaus und zwei Pferdeställe. 1234 verkaufte der Minnesänger Graf Otto von Botenlauben (1175 bis 1244) die Burg an das Hochstift Würzburg, die in der Zeit von 1234 bis 1242 wohl die Burgleutewohnungen in der Südburg und den Zwinger der Vorburg ausgebaut haben. Die Anlage erlitt in der Fehde von 1395 schwere Schäden und wurde 1399 erobert. Ein Jahr später löste sie Bischof Gerhard ein und gab sie 1402 an Graf Friedrich I. von Henneberg-Aschach weiter. Seit der Zerstörung im Bauernkrieg 1525 ist sie Ruine. Heute ziehen die verbliebenen Relikte der einstigen Burg und die Festspiele „Minnesang & Schwerterklang“ viele interessierte Wanderer, Kurgäste und Wochenendausflügler an.

Burgruine Botenlauben, Bad Kissingen

Salzburg
Schloss Neuhaus

97616 Bad Neustadt a. d. Saale
Landkreis Rhön-Grabfeld

Salzburg, Bad Neustadt a. d. Saale

Die **Salzburg** erhebt sich am Rande der Kreisstadt auf einer Hochebene über der Fränkischen Saale. Als ehemalige Ganerbenburg wurde sie von mehreren Familien bewohnt. 842 fand auf der Pfalz Salz unter Kaiser Ludwig dem Deutschen ein Reichstag statt. Die Burg war nach Lage, Alter und Größe eine der bedeutendsten Ganerbenburgen Deutschlands. Errichtet wurde sie von Würzburger Bischöfen zum Schutz des Königsgutes Salz. Im Jahre 1000 schenkte Kaiser Otto III. dem Würzburger Bischof Graf Heinrich von Rotenburg die Anlage, die erstmals 1162 erwähnt wird. Nach Aussterben einzelner Familienzweige, durch Vererbung sowie Verkauf wechselten in der Folge oft die Besitzer, bis 1795 Freiherr Lochner von Hüttenbach alleiniger Burgherr wurde. Der Verfall der Burg trat mit dem 16. Jahrhundert ein, da sie keine besondere geschichtliche Rolle spielte und so auf ihre Erhaltung wenig Wert gelegt wurde. 1888 nahmen sie, bereits ruinös, die Reichsfreiherren von und zu Guttenberg in Besitz, bewohnten sie und bewirtschafteten die Anlage zum Teil.

Die etwa 450 m lange Ringmauer bildet ein unregelmäßiges Viereck und die Nordflanke ist mit vier quadratischen Türmen verstärkt. Innerhalb dieses Bereiches befanden sich vier eigenständige Burgen, die Ganerbensitze. Die ältesten Teile sind die Wohntürme von Mitte des 13. Jahrhunderts. Zu einem der Palasbauten gehört die sogenannte Münze im zweiten Ansitz von Westen. In bevorzugter Lage und am besten erhalten ist der ehemalige Ansitz der Voite von Salz mit spätgotischen Innenräumen. Der Vorbereich

Bad Neustadt a. d. Saale

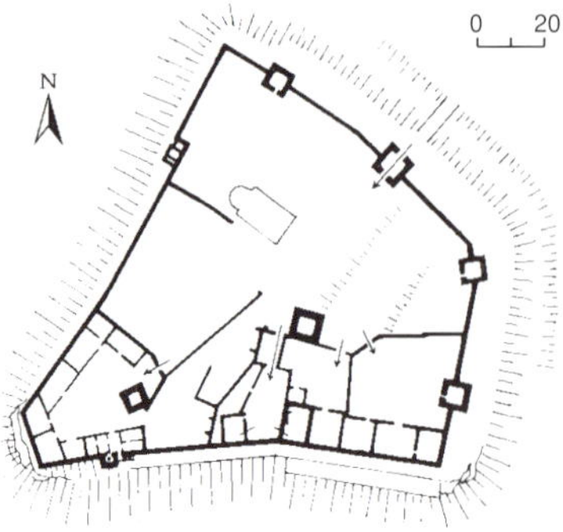

Salzburg, Bad Neustadt/ Saale, Grundriss

Schloss Neuhaus, Bad Neustadt a. d. Saale

der privaten Anlage ist Besuchern zugänglich. Das **Schloss- und Kurhotel** liegt im Kurviertel der Stadt. 1451 ließ Simon von Thüngen – Besitzer der Salzburg – ein „neues Haus“ errichten, das Felix von Barrié nach vielen Besitzerwechseln abreißen ließ. Er ließ 1767 nach Plänen von Heinrich Todesko das Schloss an der Stelle des Thüngen'schen „neuen Hauses“ von 1451 für Egid Valentin erbauen. Heute stellt es einen eleganten Bau des Spätbarock dar. Der prächtige Schlosspark mit Wasserspielen und Statuen ist für Kurgäste und Besucher eine Erholungsstätte. Kurtradition besteht hier schon seit 1888, Begründerin des Heilbades war Gräfin Elisabeth von Haxthausen 1853. Nach ihrem Tod erbte Otto von Brencken das Anwesen, dessen Witwe Maria, geb. Gräfin von Rotenhan, 1928/29 hier ein Kurhotel einrichten ließ. Im Inneren des Schlosses befinden sich reiche Rokokostuckaturen und geschnitzte Vertäfelungen und auf der Gartenterrasse zwei Sphinx.

Altenburg, Bamberg

Altenburg, Neue Residenz und Residenzschloss
96049 Bamberg

Im Jahre 902 wurde südwestlich von Bamberg auf der Rhätkuppe ein Castrum Babenberg erstmals genannt und 1109 die **Burg** erstmals urkundlich als im Besitz von St. Jakob befindlich erwähnt. Die Kapelle erhielt 1124 ihre Weihe durch Bischof Otto den Heiligen und 1251 ging das Castrum Altenburg in den Besitz des Hochstiftes Bamberg über, worauf in der Folge dreiundzwanzig Bamberger Bischöfe auf der Burg residieren. Um 1400 war die Burg bischöfliche Residenz und reich mit Kunstschätzen ausgestattet. 1505 erlebte die Burg unter Fürstbischof Georg III. ihre Glanzzeit. Zwanzig Jahre später belagerten aufständische Bauern die Burg, die dem Druck standhielt, doch 1553 wurde sie von Markgraf Albrecht Alcibiades von Brandenburg-Kulmbach gebrandschatzt. Fürstbischof Ernst von Mengersdorf baute 1586 das Schloss Geyerswörth und die teilweise zerstörte Burg diente als Staatsgefängnis. Ab 1600 war die Burg dem Verfall preisgegeben. Ihre noch bestehende Substanz wurde 1718 durch einen Bergrutsch an der Nordostecke der Ringmauer und 1719 durch einen Blitzschlag in den Bergfried weiter geschädigt. Der fürstbischöfliche Leibarzt Dr. Friedrich Markus erwarb die Burg und rettete sie durch Erhaltungsmaßnahmen von 1801 bis 1816 vor dem endgültigen Verfall. Im

Altenburg, Bamberg

Jahre 1818 wurde der Altenburgverein durch den königlichen Postmeister Anton von Grafenstein gegründet. 1901/02 wurde der Neubau des Palas errichtet und die Bürger spendeten Bausteine. Seit 1998 unterliegt die Burg einer Generalsanierung. Ein Hotel- mit Gastronomiebetrieb zieht zahlreiche Besucher auch wegen der herrlichen Aussicht in die landschaftliche Umgebung an.

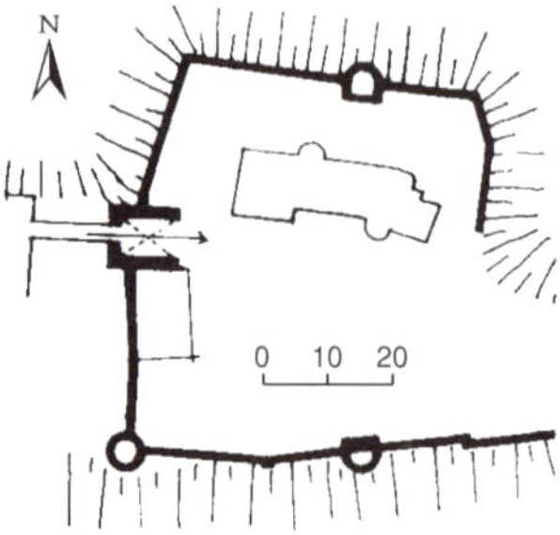

Altenburg, Bamberg, Grundriss

Die **Neue Residenz** im Zentrum der Kreisstadt ist die letzte der fürstbischöflichen Hofhaltungen in Bamberg. Bischof Lothar Franz von Schönborn beauftragte 1697 den Baumeister Johann Leonhard Dientzenhofer, den von 1602 durch Bischof Johann Philipp von Gebsattel erbauten Bischofshof zum dreiflügeligen Barockschloss zu erweitern. Durch finanzielle Not entstanden nur zwei Flügel mit einem vierstöckigen Vierzehnheiligenpavillon. Besuche des Hochadels beehrten die Bamberger Residenz, zu denen die Herzogin Elisabeth Christine (Mutter der Kaiserin Maria Theresia), Friedrich der Große und im 19. Jahrhundert Familienmitglieder des bayerischen Königshauses sowie König Otto I. von Griechenland gehörten. Bereits nach dem Ersten Weltkrieg wurde die Residenz der Öffentlichkeit zugänglich gemacht. Die Gesamtanlage überstand den Zweiten Weltkrieg nahezu unversehrt, sodass bald weitere Räume geöffnet werden konnten. Als Raumkunstmuseum besitzt die Neue Residenz eine der reichhaltigsten Ausstattungen an historischem Mobiliar und eine Altdeutsche Galerie sowie die Staatsbibliothek mit mehr als 8000 Büchern und Handschriften. Für Ausstellungen sowie gesellschaftliche und musikalische Veranstaltungen ist die gewaltige Zweiflügelanlage

Neue Residenz, Bamberg

das kulturelle Zentrum Bambergs. Der nach Plänen von Balthasar Neumann nach 1733 unter Fürstbischof Friedrich Carl von Schönborn begonnene Rosengarten im rückwärtigen Bereich der Residenz wurde unter Fürstbischof Franz Konrad mit dem Gartenpavillon 1757 vollendet. Die regelmäßig-symmetrische Anlage besteht im Wesentlichen noch heute. Vom Frühjahr bis zum Herbst kann man hier durch die Pracht der Rosenanlagen wandeln und die Einkehrmöglichkeiten nutzen.

Neue Residenz, Bamberg, Rosengarten

Das im Südwesten der Stadt liegende **Residenzschloss** ist ein begehrtes Vier-Sterne-Hotel. Im Jahre 1787 erfolgte die Grundsteinlegung für ein Krankenhaus nach Plänen des Bamberger Hofarchitekten Johannes Lorenz Fink, das der Leibarzt und Vertraute des Fürstbischofs Franz von Erthal, Dr. Adalbert Friedrich Marcus, einweihte. Als Krankenhaus wurde es bis 1984 genutzt. 1989/90 wurde ein Umbau für die künftige Nutzung als Welcome Hotel vorgenommen, das im Januar 1998 mit umfangreichen Angeboten in Betrieb ging.

Residenzschloss, Bamberg

Schloss Jägersburg

91330 Bammersdorf/
Markt Eggolsheim
Landkreis Forchheim

Bammersdorf mit seinem Schloss liegt am Naherholungsgebiet nördlich von Forchheim. Es wurde von 1721 bis 1728 nach Entwürfen von Anselm Franz Freiherr von Ritter zum Groenesteyn für Fürstbischof Lothar Franz von Schönborn als Jagdschloss erbaut und stellt einen mächtigen dreigeschossigen Hauptbau mit Mansarddach dar. Am südlichen Hofgebäude steht die Kapelle. Bereits ab 1723 trafen sich hier große Jagdgesellschaften, die ihrer Vorliebe frönten. Im Jahre 1729 nahm Carl Graf von Schönborn das Schloss in seinen Besitz, das 1797 während der Franzosenkriege Kriegslazarett wurde. Wohl für den Adel nicht mehr attraktiv genug, ging es 1805 durch Versteigerung an den Leipziger Benedikt Groß zur Nutzung als Tabakfabrik. Doch auch dieser bewohnte es nicht lange, es kam 1816 durch Kauf an den Kunst- und Mineralienhändler Jakob Wächter. Es folgte bis 1841 der königlich-griechische Oberleutnant Nikolaus Zink, der später in Texas eine neue Heimat fand. 1850 übernahm der niederländische Kammerherr und Präsident der archäologischen Kommission für Deutschland, Freiherr von Estorff, den Besitz und gab ihn zehn Jahre später an die Brüder Hermann und Robert Schlagintweit (Erforscher Indiens und Hochasiens) weiter. Mit dem griechischen Königspaar und Prinz Ludwig von Bayern kündigte sich hoher Besuch zur Besichtigung ihrer reichhaltigen Sammlungen an. Nach einem Besitzerwechsel richtet 1870 Dr. Heinrich Wildenberger eine orthopädische Heilanstalt im Schloss ein. Die Erben der Brüder Schlagintweit kommen zum Schloss ihrer Vorfahren zurück, renovieren dieses 1886 und fassen die Quelle auf dem Retteener Berg. Von 1890 bis Mitte der 20er-Jahre des 20. Jahrhunderts ist das Schloss Eigentum der Grafen Bentzel-Sternau-Hohenau.

Oben und unten: Schloss Jägersburg, Bammersdorf

Die evangelischen Gemeinschaftsverbände Ansbach-Nürnberg-Hof pachten das Schloss und richten ein Erholungs- und Freizeitheim ein, das gleichzeitig Mutterhaus der Jägersburger Diakonissen wird. Gekauft wird das Schloss vom Gemeinschaftsverband um 1930 und dann 1943 unter politischem Druck an die Reichsbahn verkauft. Im Jahre 1945 verlassen die letzten Diakonissen das Schloss, das darauf bis 1946 als Erholungsheim, Frauenschaftsmüttererholung „Mutter und Kind“ und als Lazarett während des Krieges sowie später als Flüchtlingslager genutzt wird. 1946 wird eine Lungenheilstätte in das ehemalige Jagdschloss gelegt und 1954 übernimmt es die Caritas und bringt ein Alten- und Pflegeheim hier unter. Auch als 1956 der erzbischöfliche Stuhl Bamberg das Schloss erwirbt, bleibt es Alten- und Pflegeheim mit einem schön gepflegten Park.

Neues Schloss
95444 Bayreuth

Unmittelbar am Zentrum der Kreisstadt steht das Neue Schloss, das 1753 Markgraf Friedrich von Brandenburg-Bayreuth durch Joseph Saint-Pierre erbauen ließ, da ihm der Vorgängerbau nicht mehr der Hofhaltung genügte und durch einen Brand beschädigt war. Seine Gattin Wilhelmine beeinflusste im Wesentlichen die Gestaltung der Räume. Das für seine zweite Frau Sophie Karoline von Braunschweig-Wolfenbüttel erbaute italienische Schlösschen wurde später mit dem Südflügel verbunden. Bemerkenswert sind die Fayencen der 1716 gegründeten Manufaktur sowie das Museum „Das Bayreuth der Markgräfin Wilhelmine“. Der Hofgarten wurde gegen Ende des 18. Jahrhunderts zu einem englischen Landschaftsgarten umgestaltet.

Neues Schloss, Bayreuth

Altes Schloss Eremitage, Neues Schloss Eremitage und Jagdschloss Thiergarten

95448 Bayreuth-Eremitage +
95448 Bayreuth-Thiergarten

Bayreuth, landschaftlich eingebettet zwischen dem Naturpark der Fränkischen Schweiz und dem Fichtelgebirge, war einst und heute ein viel besuchter Ort. Im Jahre 1666 richtete Markgraf Christian Ernst von Bayreuth östlich der Stadt einen Jagd- und Tiergarten mit Grotten- und Brunnenanlagen, Eremitenhäuschen und einem Lusthaus ein. Johann Heinrich Endrich baute nach Plänen von Johann David Räntz für Markgraf Georg Wilhelm von Bayreuth eine Vierflügelanlage um einen längs-rechteckigen Hof von 1715 bis 1718, das heutige **Alte Schloss Eremitage**. Hier sollten sich die Höflinge nach Art von Mönchen und Nonnen vom höfischen Treiben in der Residenzstadt erholen und in vierundzwanzig winzigen „Zellen" zur inneren Einkehr finden. Wilhelmine, Gemahlin von Markgraf Friedrich, lässt ab 1736 das von ihm geschenkte Schloss erweitern, die untere Grotte und das Ruinentheater errichten, in dem sie selbst als Schauspielerin auftrat.

Oben: Altes Schloss Eremitage, Bayreuth

Unten: Sonnentempel, Neues Schloss Eremitage, Bayreuth

Besonderer Anziehungspunkt für Besucher aus aller Welt sind das **Neue Schloss Eremitage** und die Rokokoanlagen, die als Sommersitz der Markgrafen von Bayreuth genutzt wurden. Markgräfin Wilhelmine, Tochter des Soldatenkönigs Friedrich Wilhelm I., ließ von 1749 bis 1753 das soge-

Neues Schloss Eremitage, Bayreuth

nannte Lustschloss im Zeichen des griechischen Sonnengottes Apoll, mit zierendem achteckigem Pavillon als Mittelpunkt, durch Joseph Saint-Pierre und Philipp Christian Gontard errichten. Leider hatte sie nicht lange Freude an ihrer Prachtanlage, da sie 1758 verstarb. Gemäß dem damaligen Empfinden zur Landschaftsgestaltung wurde 1792 die Gartenanlage als Landschaftspark im englischen Stil durch Hofgärtner August Oertel verändert. Im Jahre 1810 fiel Bayreuth an das Königreich Bayern, worauf die Wittelsbacher um 1830 eine hölzerne Kapelle am Ruinentheater bauen ließen. Das gesamte Areal ist eine wohltuende Oase für Ruhesuchende, in der man einen ganzen Tag verbringen, vieles entdecken kann und gastronomisch bestens versorgt ist.

Südlich von Bayreuth lohnt sich ein Abstecher zum **Jagdschloss Thiergarten**, das bereits 1606 Erwähnung fand. Das Gelände für den Jagdpark kaufte Markgraf Christian Ernst 1667 trotz großer Finanzschwierigkeiten und ließ 1676 durch den Hofbaumeister Elias Gedeler hier ein erstes Schlösschen erbauen. Den heutigen Bau ließ Georg Wilhelm im Jahr 1716 durch seinen Baumeister Johann David Räntz errichten. Die Jagdmotive und Puttiszenen im Kuppelsaal tragen die Handschrift Paul Deckers d. Ä. und die Stuckaturen

Jagdschloss Thiergarten, Bayreuth

der Salons stammen vom Bamberger Domenico Cadenazzi. Die Blütezeit von Thiergarten fand mit Georg Wilhelms Tod 1726 ihr Ende, da sein Nachfolger Georg Friedrich Carl dem Jagen nicht besonders zugetan war. Somit wurde auch das Gestüt 1749 nach Neustadt/Culm verlegt. Ab 1802 wurde das Schloss Dienstwohnung des Försters und ging 1842 durch Kauf an den Metzgermeister Christoph Thiem. Schon im maroden Zustand, wurde es zum Bauernhof umgestaltet. Von der ursprünglichen Einrichtung aus markgräflicher Zeit hatte sich nichts erhalten. Erst als die Familie Bayerlein 1922 den Besitz erwarb, erfolgte eine durchgreifende Restaurierung und Neuausstattung. Die Grundmauern des Ostflügels und der Schweinestall wurden abgerissen, der Eingangs- und Küchentrakt sowie das Wirtschaftsgebäude neu errichtet. Ab 1927 zählten wieder der Adel, Politiker und hohe Militärs zu den Gästen auf Schloss Thiergarten. In den Jahren 1945 bis 1948 besetzte die US Army das Anwesen und im Oktober 1948 wurde das Schlosshotel Thiergarten eröffnet. Weitere Besitzer und Pächter folgten, bis 1981 die Stadt den Besitz kaufte und ihn 1982 an die Familie Kaiser veräußerte, die seitdem ein Hotel und Restaurant für höchste Ansprüche führt.

Altes und Neues Schloss

90571 Behringersdorf/Schwaig

Landkreis Nürnberger Land

Südöstlich von Nürnberg liegt Behringersdorf mit seinem **Alten Schloss**, das aus der Zeit der Schürstabs stammt, als Wasserschloss angelegt wurde und einen sechseckigen Treppenturm aufweist. Es brannte 1553 im zweiten Markgrafenkrieg sowie im Dreißigjährigen Krieg nieder und wurde von den Tuchers jedes Mal wiederaufgebaut. Mit dem Bau des **Neuen Schlosses**, einem breiten zweigeschossigen Quaderbau mit Walmdach und Zwerchhaus, begann Christoph Wilhelm von Tucher im Jahre 1717. Es besitzt ein reizvolles, überdachtes Portal und eine Auffahrtrampe mit Terrasse. Dem Schloss sind seitlich mehrere Ökonomiegebäude hinzugefügt worden. Der alte Herrensitz liegt an der Südost-

Neues Schloss, Behringersdorf

ecke des zweiten Hofes, ein schlichter Bau mit Treppenturm errichtet nach 1553 und 1715 renoviert. An der Nordseite wurde ein Barockgarten angelegt. Der Bauherr starb 1757. Beide Herrensitze sind noch heute im Besitz der Familie von Tucher.

Schloss Callenberg

96450 Beiersdorf/Coburg

Landkreis Coburg

Aus Richtung Bad Rodach kommend, sieht man kurz vor Coburg auf einem Berg im Callenberger Forst das Kleinod neogotischer Baukunst Schloss Callenberg. Im 11./12. Jahrhundert lag hier eine Rundburg, die sich bis 1231 im Besitz der Edelfreien von Callenberg befand, dann den Hennebergern und Sternbergern zu Lehen gegeben war. Nach dem Aussterben der Letztgenannten ging der Besitz 1592 an den Gründer des Herzogtums Sachsen-Coburg über, Herzog Johann Casimir, unter dem der Umbau 1639 vollendet wurde. Erneuter Umbau von 1827 bis 1830 und 1856 bis 1860 durch die Herzöge Ernst I. und II. von Sachsen-Coburg und Gotha im Stil der Neugotik. Im Jahre 1853 wurde hier der Literarisch-politische Verein gegründet und 1861 fand das erste Bundesfest der Coburgischen Landliedertafel auf Schloss Callenberg statt. Bis 1945 diente Callenberg als Sommersitz der Herzogsfamilien. Heute befindet sich hier die „Sammlung Herzog-

Schloss Callenberg, Beiersdorf

licher Kunstbesitz“. Seit 1998 können Ausstellungen von Mobiliar, Gemälden, Porzellan, Waffen und Uhren besichtigt, Sonderausstellungen und Konzerte besucht werden. Bemerkenswert ist die im Oberschloss liegende Kapelle aus der ersten Hälfte des 17. Jahrhunderts, wohl von Giovanni Bonalino. Beim Zugang zum Schloss liegt am Waldrand ein Wildgehege.

Schloss Bimbach

Schloss Bimbach

97357 Bimbach/Prichsenstadt
Landkreis Kitzingen

Zwischen Main und Steigerwald, nördlich von Gerolzhofen, ist Bimbach mit seinem Weingut zu finden. Von der im Bauernkrieg zerstörten Burg blieb nur das Torhaus von 1488 erhalten. Besitzer des Schlossgutes aus dem Jahre 1703 war Freiherr Fuchs von Bimbach aus einem alten fränkischen Adelsgeschlecht, das noch bis 1913 im Besitz blieb. Das Weingut Schloss Bimbach, zwei dreigeschossige Flügel im Winkel, hat seinen Ursprung im Jahre 1937 und die Nachfahren bewirtschaften die Weinberge an der Mainschleife, die für ihre Weine Ehrenauszeichnungen erhalten haben. Die Zimmer mit Gobelinimitation stammen aus dem frühen 18. Jahrhundert.

Schloss Birkenfeld

96126 Birkenfeld/
Markt Maroldsweisach
Landkreis Haßberge

Zwischen Hofheim in Unterfranken und Ermershausen nahe der thüringischen Grenze ist Birkenfeld zu finden. Im Jahre 1475 fielen Dorf und Schloss an Konrad Hutten zu Frankenberg. Es war noch nicht der heutige Bau, dieser entstand von 1739 bis 1753 nach Plänen des Ansbacher Baumeisters Johann David Steingruber für den Freiherrn Johann Philipp Friedrich von Hutten. Es ist eine vornehme, behagliche Anlage um einen großen Hof, mit dem quadratischen Hauptbau und den langen Flügelbauten mit Eckpavillons. Die Stuckaturen fertigte Carlo Daldini von 1741 bis 1743. Sie zählen zu den besten des fränkischen Rokoko. Im

Schloss Birkenfeld

Schloss Birnfeld

Schloss werden wechselnde Ausstellungen gezeigt und Hochzeitsfeiern ausgerichtet. Im weitläufigen Park finden Veranstaltungen zu verschiedenen Anlässen statt.

Schloss Birnfeld

97488 Birnfeld/Markt Stadtlauringen

Landkreis Schweinfurt

Zwölf Kilometer nordwestlich von Hofheim, am Fuß der Nassacher Höhe, steht das Schloss, ein stattlicher, zweigeschossiger Bau im Stil Joseph Greisings, das sich am Ende des 16. Jahrhunderts im Besitz des Philipp Christoph von Maßbach befand. Im Jahre 1614 übernahm es das Kloster Theres. Die Würzburger Fürstbischöfe richteten um 1719 hier einen Jagd- und Sommersitz ein. Heute wird das Schloss als Alten- und Pflegeheim genutzt.

Schloss Bischberg

96120 Bischberg
Landkreis Bamberg

Westlich an Bamberg angrenzend liegt die kleine Ortschaft Bischberg. Jörg Zollner von Brand übernahm 1482 den Bischberger Besitz von der Familie Haller, mit dem er seinerzeit zum größten Grundherrn des Bereiches wurde. Carl Maximilian Zollner freite 1743 Maria Franziska von Vinther auf Brukheim, wobei ihm das Heiratsgut beim Umbau des heutigen Schlosses sowie für die Reparaturen sehr willkommen war. Sein Lebenswandel entsprach nicht der damaligen Etikette, da er mit Vorliebe feierte und sehr verschwenderisch in seinem Wesen war. Um sich einer Bestrafung zu entziehen, floh er und schlüpfte sogar in die Kutte eines Mönches. Von Krankheit gezeichnet, kehrte er 1774 auf sein marodes Schlösschen zurück und verstarb 1776 als Letzter seines Mannesstammes. Der Besitz ging an seine Schwester über. Im Jahre 1821 erwarb der Bierbrauer Conrad Eichelsdörfer das Schloss und 1844 ging das Anwesen an den Land- und Gastwirt Philipp Frey. Seine Nachfahren gaben 1986 ihr Eigentum an die Gemeinde ab, die das Schloss renovierte und Räumlichkeiten für Vereine, Feste und eine Gaststätte einrichtete.

Schloss Bischberg

Jagdschloss Holzberghof

97653 Bischofsheim i. d. Rhön
Landkreis Rhön-Grabfeld

Entlang der Hochrhönstraße von Fladungen nach Bischofsheim kann man nicht nur eine wunderschöne Landschaft wahrnehmen, sondern auch im Holzberghof, nahe der Straße im Wald liegend, köstlich speisen. Im frühen 16. Jahrhundert errichteten die Freiherren von Thüngen auf dem stark bewaldeten Holzberg eine Eisenschmelze. Im Jahre 1614 erbaute der Würzburger Fürstbischof Julius Echter von Mespelbrunn das sogenannte Forsthaus. In den folgenden Jahrhunderten wechselte der Besitz, dem erst im Jahre 1910

Jagdschloss Holzberghof, Bischofsheim i. d. Rhön

durch die damalige Besitzerin, Gräfin Schimmelmann, ein Schloss hinzugefügt wurde, häufig unter den Rhöner Adelsgeschlechtern. Seit 1954 ist es im Besitz der Familie Meinschäfer, die es zu einem Restaurant mit Gästezimmern gestaltete.

Schloss Bruckberg

Schloss Bruckberg

91590 Bruckberg

Landkreis Ansbach

Gelegen ist Bruckberg nordöstlich von Ansbach. Der von 1727 bis 1730 unter Markgraf Wilhelm Friedrich an der Stelle eines älteren Herrensitzes nach Plänen von Karl Friedrich von Zocha aufgeführte Neubau kam unter dem Nachfolger Carl nicht zur Vollendung, sodass die Fassade nur teilweise und die Innenausstattung nicht ausgeführt wurde. Im Jahre 1762 bekam das Schloss eine neue Funktionalität, als die 1758 gegründete Ansbacher Porzellanmanufaktur hier ihren Einzug hielt. 1837 heiratete der Philosoph Ludwig Feuerbach eine Tochter des Besitzers der Manufaktur und lebte bis 1860 im Schloss. Aufgeführt wurde es als Dreiflügelanlage mit nach Süden anschließenden Nebentrakten, in dem von Zocha geprägten klassizistischen Ansbacher Barock. Der Hauptbau ist mit einem übergiebelten Zwerchhausrisalit versehen und der Innenbereich durch die Manufaktur stark verändert worden. Im ursprünglichen Zustand blieben nur die Treppenhäuser und der Gartensaal erhalten. Die Schlossanlage wird durch die Diakonie als Heim genutzt.

Neues Schloss

91448 Brunn/Emskirchen
Landkreis Neustadt a. d. Aisch-Bad Windsheim

Das Mitte des 18. Jahrhunderts von Graf Christian Karl von Pückler-Limburg errichtete Schloss erreicht man östlich von Neustadt an der Aisch und in unmittelbarer Nähe nördlich von Emskirchen. Ausgeführt wurden von der geplanten elfachsigen Anlage nur die sechs östlichen Achsen. Die zweigeschossige Anlage trägt ein Mansarddach und besitzt einen Mittelrisalit. Der Eckrisalit ist dreigeschossig und mit genuteten Pilastern versehen. Von der Gemeinde wurde im Schloss ein Kindergarten untergebracht und man kann das integrierte Rundfunkmuseum besichtigen.

Neues Schloss, Brunn

Schloss Buckenhof

Schloss Buckenhof

91054 Buckenhof
Landkreis Erlangen-Höchstadt

Buckenhof mit seinem Herrensitz liegt östlich angrenzend an Erlangen. Das Dorf am Rande des Reichswaldes wurde zwischen dem 11. und 12. Jahrhundert gegründet. Das Schloss besteht seit der zweiten Hälfte des 16. Jahrhunderts. Nach Zerstörung durch einen Brand entstand von 1564 bis 1567 durch den Freiherrn von Haller ein Neubau, der im 18. Jahrhundert teilweise verändert wurde. Freiherr Bertold von Haller schrieb auf Schloss Buckenhof zur Geschichte des Rokokosaales. Durch Anbauten im 20. Jahrhundert wurde die ursprüngliche Erscheinung des dreigeschossigen, turmartigen, als Wasserschloss angelegten Quaderbaus stark beeinträchtigt. Seit 1850 wird die Anlage als Jugendheim der Inneren Mission (Jugendheimstätte „Puckenhof)“ genutzt.

Schloss Bundorf

Schloss Bundorf

97494 Bundorf
Landkreis Haßberge

Die Dreiflügelanlage mit Eckerker und rundem Treppenturm liegt am südöstlichen Rand der Gemeinde, die wiederum im Naturpark Haßberge nördlich von Hofheim in Unterfranken zu finden ist. Der Besitz ist 1170 durch den Bischof von Würzburg an das Kloster Ebrach, später an die Grafen von Wildberg und Henneberg gelangt. Im Jahre 1354 fiel er an das Hochstift Würzburg und seit dieser Zeit waren die Truchsess von Wetzhausen damit belehnt. Der Südflügel des schlichten Landschlosses stammt aus der Mitte des 16. Jahrhunderts und der Nord- und Osttrakt, der später barock umgestaltet wurde, ist im Kern noch mittelalterlich. Unter dem Portal befindet sich das Ehewappen der Truchsess-Bibra, datiert von 1563. Das Schloss wird privat genutzt.

Domkapitelsches Schloss

96110 Burgellern/Scheßlitz
Landkreis Bamberg

Das Schloss aus dem 18. Jahrhundert liegt am Rande der Gemeinde, nördlich an die Stadt Scheßlitz angrenzend, in einem weitläufigen Schlosspark mit stattlichem Baumbestand. Mar-

Schloss Burgellern

quardt Wilhelm, Graf von Schönborn und Dompropst zu Bamberg, hielt sich 1756 längere Zeit hier auf, um persönlich den Neubau des Schlosses voranzubringen. Das Haupthaus entstand 1758 und das Vogteihaus 1772. Im November des Jahres 1802 ging der domkapitelsche Besitz in kurfürstlich-bayerisches Eigentum über. 1853 besuchte König Maximilian das Anwesen in Burgellern und König Ludwig II. spielte hier als Kind im Schlosspark. Heute befinden sich im Vogteigebäude liebevoll eingerichtete Hotelzimmer und im Schloss werden Hochzeiten gefeiert. Im Schlosspark finden im Rahmen des Fränkischen Theatersommers Aufführungen statt.

Schloss Burgfarrnbach

90768 Burgfarrnbach/Fürth

Landkreis Fürth

Im Nordwesten von Fürth, in Richtung Langenzenn, erreicht man Burgfarrnbach. Im 903 erstmals erwähnten Ort bestanden im Jahre 1303 zwei Ansitze, von denen der obere 1711 abgetragen wurde und vom unteren noch einzelne Teile erhalten blieben, darunter der 1734 von Ingenieurleutnant Kuchen erbaute, auch als Witwensitz bezeichnete Marstall. Dieser Mansarddachbau besitzt

Schloss Burgfarrnbach

ein rustiziertes Erdgeschoss. Die Hofseite ist durch drei Korbbogentore akzentuiert. Das heutige dreigeschossige Hauptschloss entstand von 1830 bis 1834 nach Plänen Leonhard Schmidtners. Die Frontseite besitzt einen Mittelrisalit sowie an den Ecken viergeschossige Pavillons. Ein Rundbogentor von 1720 bis 1740 bildet die Zufahrt zum Schloss. Heute wird die Anlage als Sitz der Stadtbibliothek und Archiv genutzt, die Einrichtung einer Kunstgalerie ist geplant.

Burg Gaillenreuth

91320 Burggaillenreuth/ Ebermannstadt

Landkreis Forchheim

Burggaillenreuth, ein Stadtteil von Ebermannstadt, liegt im reizvollen Naturpark Fränkische Schweiz. Im Jahre 1122 wurde

Burggaillenreuth von Bischof Otto erworben. Die Burg geht im Kern auf das 13./14. Jahrhundert zurück und wurde im 14. und 15. Jahrhundert mehrfach verpfändet. 1525 im Bauernkrieg niedergebrannt und wiederaufgebaut, wurde sie 1632 von kroatischen Truppen zerstört, jedoch bald darauf erneut aufgebaut. Wegen fortschreitenden Verfalls und Geldmangels der damaligen Besitzer trug man den talwärts gelegenen Bau im 19. Jahrhundert ab. Heute steht nur noch der südliche Teil der Anlage, der erst nach 1632 errichtet wurde. Von den älteren Gebäuden existiert nur ein zweigeschossiges Haus aus massivem Bruchsteinmauerwerk. Die Schlosswirtschaft dagegen ist neueren Datums. Die Burg befindet sich im Privatbesitz und im Nebengebäude wurde eine Pension mit Gaststätte eingerichtet.

Burg Gaillenreuth, Burggaillenreuth

Burg Burggrumbach

97294 Burggrumbach/ Unterpleichfeld

Landkreis Würzburg

Der Stammsitz der mächtigen und reich begüterten Dynasten von Grumbach liegt nördlich von Würzburg und östlich von Rimpar. Die älteste urkundliche Erwähnung stammt aus dem Jahre 822, als Güter und Leibeigene von Grumbach an das Kloster Fulda vergeben wurden. Diese Herren gehörten zu den bedeutendsten Dynastengeschlechtern Frankens. Der letzte dieser Herrschaft, Albert Herr zu Rothenfels, starb 1243. Seine Tochter Adelheid war mit dem Grafen Ludwig von Rieneck verheiratet, der die Grumbach'schen Besitzungen im Jahre 1243 als Lehen erhielt. In der ersten Hälfte des 14. Jahrhunderts erwarb ein Zweig der Würzburger Ministerialenfamilie von Wolfskeel Ort und Burg, die sich darauf von Grumbach nannten. Der Aufstieg dieses Geschlechts begann mit Markward II. und Markward III. Letzterer wurde durch seinen guten Heeresdienst und Aktivitäten in Oberitalien bekannt, die er unter Friedrich Barbarossa leistete. Wilhelm von Grumbach unterstützte 1558 die Raubzüge des Markgrafen Albrecht Alcibiades und ließ den Würzburger Bischof ermorden. 1563 in Reichsacht gefallen, wird ebendieser Grumbach hingerichtet. Von der Anlage ist teilweise das Schloss mit Graben und Teilen der Ringmauer erhalten geblieben. Dem Besucher zeigt sich innerhalb eines unregelmäßig polygonalen Berings ein massiver, von 1692 stammender hoher Satteldachbau, der im 19. Jahrhundert teilweise abgebrochen und dessen Ummauerung niedergelegt wurde. Eine Besichtigung ist nur von außen möglich.

Schloss Burgpreppach

97496 Burgpreppach

Landkreis Haßberge

Im Naturpark Haßberge findet man östlich von Hofheim in Unterfranken den Ort Burgpreppach. Bereits im 12. Jahrhundert wird hier ein Edelgeschlecht von Burgpreppach genannt und seit 1300 befand es sich im Besitz des Geschlechtes der Fuchs. Die alte Wasserburg, deren Graben noch erhalten blieb, war im 16. Jahrhundert in den Händen der Linie Bimbach und Dornheim. Errichtet wurde die regelmäßige Schlossanlage nach 1726 auf der Grundlage von Plänen Joseph Greisings, nachdem Johann Philipp Fuchs von Bimbach und Dornheim seine zweite Gemahlin Maria Augusta, Freiin von Würzburg, ehelichte. Der dreiflügelige, stattliche, zweigeschossige Hauptbau besitzt an den äußeren Ecken überhöhte, turmartige Pavillons, die nach dem Vorbild der Bamberger Residenz gestaltet wurden. An den Seitenflügeln schließen sich niedrige Arkaden und zur Straße hin zwei Pavillons

Oben: Burg Burggrumbach

Unten: Schloss Burgpreppach

an. Im westlichen Pavillon befindet sich die katholische Schlosskapelle mit sehenswerten Stuckaturen um 1730. Der Hochaltar geht in die Zeit um 1785 zurück. Über dem Portal liegt das Ehewappen der Fuchs und Würzburg. Der große Saal im Nordflügel verweist auf Stuckaturen mit Laub- und Bandwerk aus dem Jahre 1730 und an den Wänden zeigen sich gemalte Gobelins mit Darstellungen aus der griechischen und römischen Heldensage. Der Kapuziner P. Albrich richtete 1785 in dem nicht fertiggestellten ersten Pavillon des Schlosses die katholische Kirche ein. Das Schloss ist in Privatbesitz.

Oben und unten: Alte Burg, Burgsinn

Alte Burg, Neues Schloss und Fronhofer Schlösschen

97775 Burgsinn

Main-Spessart-Kreis

Burgsinn liegt im Naturpark Bayerischer Spessart, westlich von Hammelburg und südlich von Gemünden am Main. Auf drei historische Bauten kann das Städtchen verweisen. Die **Wasserburg** ist der älteste Bau, dessen Vorgänger, die Burg Sinna, schon 1001 genannt wurde. Die heutige Anlage gründeten die Grafen von Rieneck im 12. Jahrhundert, die im 14. Jahrhun-

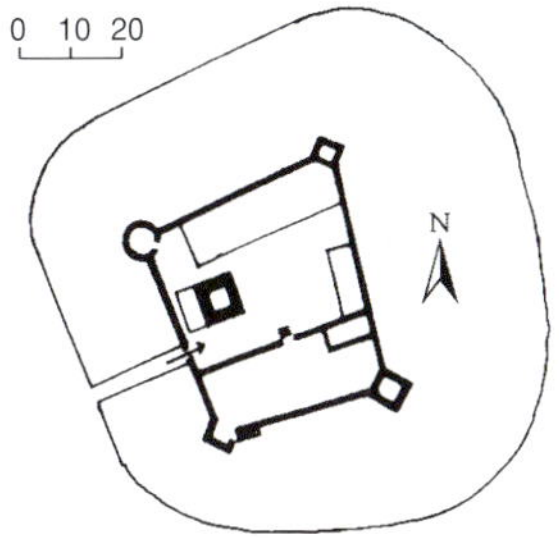

Alte Burg, Burgsinn, Grundriss

dert würzburgisch und deren Bering 1339 einer Erneuerung unterzogen wurde. Im Jahre 1405 ging sie durch Kauf an die Familie von Thüngen. Die rechteckige Anlage, versehen mit einem runden und drei quadratischen Ecktürmen, besitzt darüber hinaus einen massiven Bergfried aus dem 12. Jahrhundert. Dagegen blieben vom südlichen Wohnbau des Jahres 1543 nur Reste erhalten. Die weiteren Bauten wurden im 17. und 18. Jahrhundert verändert und seitdem gab es keine bemerkenswerten Neuerungen an der noch heute von einem Wassergraben umgebenen Anlage. Dagegen wurde der Park eindrucksvoll gestaltet und lädt zum Verweilen ein.

Das **Neue Schloss**, gelegen am nördlichen Ausgang des Ortes, errichteten 1620 die Freiherren von Thüngen als einen im rechten Winkel zweiflügeligen Bau der Spätrenaissance. Dieser besitzt einen Treppenturm, reizvolle Erker und ist mit Volutengiebeln versehen. Gartenanlagen sowie ein weitläufiger Park prägen die Gesamtanlage. Bewohnt wird das Schloss noch heute durch die Freiherren von Thüngen.

Das **Frohnhofer Schlösschen**, das dritte im Bunde dieser historischen Bauwerke, befindet sich in der Ortsmitte. Werner von Thüngen ließ es für seine Frau 1607 als Witwensitz erbauen. Es ist ein malerischer zweigeschossiger Renaissancebau mit rundem Treppenturm und vom Boden aufsteigendem Erker. Schöne Schweifgiebel zieren den Satteldachbau. Das im Treppenturm befindliche Portal zeigt die Jahreszahl 1607 und das Thüngener Wappen. Das Schlösschen kann von außen besichtigt werden.

Fronhofer Schlösschen, Burgsinn

Schloss Buttenheim

96155 Buttenheim
Landkreis Bamberg

Etwa in der Mitte zwischen Bamberg und Forchheim, nahe der Autobahn 73, liegt der Standort des Schlosses. Über Jahrhunderte war die Geschichte Buttenheims eng mit dem Geschlecht der Reichsfreiherren von Stiebar verknüpft. Ein bereits bestehender Konflikt mit dem Hochstift Bamberg, das bemüht war, die Position der Reichsfreiherren einzuschränken, verschärfte sich, als Hans Joachim Stiebar von Buttenheim lutherisch wurde und seine fünf Söhne am evangelischen Glauben festhielten. Bereits im Jahr 1686 hatte das Hochstift eine Reihe von Stiebar'schen Gütern von der Obristin von Bose gekauft, die diese durch Erbschaft erworben hatte. Als Johann Georg Christoph Wilhelm Stiebar von Buttenheim verstarb, erlosch die fränkische Linie im Mannesstamm. Wilhelm Christian Friedrich von Seefried, der Elisabeth Sofie Friederike Stiebar von Buttenheim heiratete, erbaute im Jahr 1774 das jetzige stattliche, zweigeschossige Schloss. Es ist mit einem Walmdach gedeckt, besitzt ein schmiedeeisernes Treppengeländer und Sandsteinwappen. Der mittig im hinteren Bereich stehende Turmbau geht im Kern noch auf den mittelalterlichen Vorgängerbau zurück. Der Schlossgraben wurde 1819 weitgehend durch Auffüllung trockengelegt. Die Nachfahren wohnen noch heute im Schloss.

Schloss Buttenheim

Cadolzburg

90556 Cadolzburg
Landkreis Fürth

Die auf einem Felsplateau westlich von Fürth, nahe des Ortes Langenzenn liegende und erstmals 1157 genannte Burg von stattlicher Größe und Geschlossenheit ist ein Beispiel der mittelalterlichen Dynastenburgen. Gegründet wurde die Cadolzburg durch die Herren von Abenberg, Grafen des Rangau. Das Haupttor, versehen mit einem hohen Turm, ist einst der Bergfried gewesen und gehört

zum ältesten Bestand der Burg, wie auch der Ostteil aus dem 13. Jahrhundert. Kadoldesburc, die älteste Bezeichnung der Anlage, ist wohl vom Reichsadligen Kadold abgeleitet und geht auf das 12. Jahrhundert zurück. Als die Hohenzollern – Burggrafen von Nürnberg – die Abenberger beerbten, verlegten diese um 1400 ihre fränkische Hauptresidenz auf die Cadolzburg. Es entstand der „Alte Bau" im Westen der Kernburg und im 15. Jahrhundert erfolgte der Ausbau als Trutzfeste gegen Nürnberg, nachfolgend 1580 der Renaissancegiebel, Prunkerker und Treppenturm am Neuen Bau. Markgraf Carl Wilhelm Friedrich von Ansbach nutzte die Cadolzburg von 1729 bis 1754 als Sommerresidenz. 1806 fiel sie an das Königreich Bayern. Im Jahre 1945 brannte sie nach Zerstörung bis auf die Außenmauern nieder und wurde fast 30 Jahre nicht mehr sonderlich beachtet, bis der Freistaat von 1971 bis heute umfangreiche

Cadolzburg

Cadolzburg, Grundriss

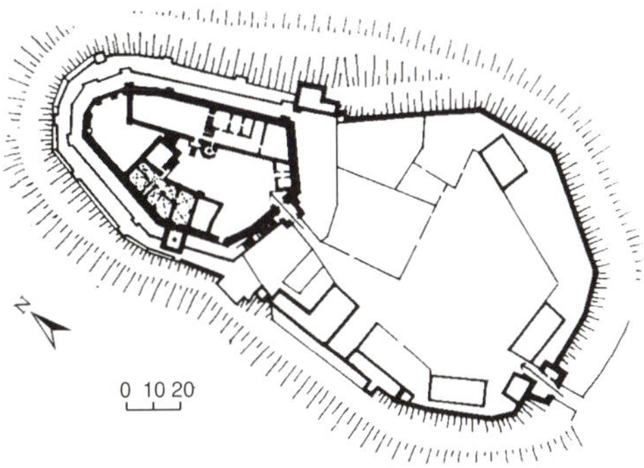

Cadolzburg, Haupttor

Restaurierungen – auch mit Eigeninitiative der Ortsbevölkerung – vornimmt und ein Burgenmuseum auf der Cadolzburg ins Auge fasst.

Unteres und Oberes Schloss

97355 Castell
Landkreis Kitzingen

Am Ausläufer des Steigerwaldes, östlich von Kitzingen an der B 286 gelegen, erreicht man den Ort Castell. Das **Untere Schloss**, ein bemerkenswerter Neubau, wurde von 1686 bis 1691 durch den Baumeister Peter Sommer aus Künzelsau an der Stelle einer mittelalterlichen Anlage errichtet. Eine Adelsfamilie wird 1091 erwähnt, die seit 1205 den Grafentitel trägt. Im Jahre 1457 wurde die Grafschaft dem Hochstift Würzburg zu Lehen aufgetragen. 1597 trennten sich die Linien Remlingen und Rüdenhausen. Nach dem Aussterben der Linie Rüdenhausen 1803 spaltete sich die Linie Remlingen in die heutigen Häuser Castell zu Castell und Castell-Rüdenhausen. Die Dreiflügelanlage wird im Hofbereich durch niedrige Trakte mit Eckpavillons und einen Torbau zur Straße hin abgeschlossen.

Das **Obere Schloss** war die Stammburg der Grafen. Im Jahre 1746 wurde dieses abgebrochen und erhalten blieben nur der fünffache Graben und der Treppenturm eines Renaissancebaus von 1615. Das Gesamtanwesen ist seit 1901 im Besitz der Fürsten zu Castell. Die heutige Gestalt des weitläufigen Parks, in dem gelegentlich Veranstaltungen stattfinden, entstand unter Graf Friedrich Ludwig, einem großen Botaniker.

Unteres Schloss, Castell

Veste Coburg, Schloss Ehrenburg, Schloss Falkenegg, Schloss Ketschendorf

96450 Coburg

Die **Veste Coburg**, auch als „Fränkische Krone“ bezeichnet, ist das Wahrzeichen der kreisfreien Stadt, 460 Meter über dem Itztal gelegen. Erstmals erwähnt wird der Name Coburg 1056 in einer Schenkungsurkunde der Polenkönigin Richeza, der Tochter des Pfalzgrafen Erenfried-Ezzo, Enkelin von Kaiser Otto II. und Nichte Kaiser Ottos III. Im Jahre 1225 war sie Klosterburg und im Besitz der Herzöge von Andechs-Meranien, denen 1248 die hochfreien Grafen von Henneberg folgten. Diese mussten jedoch vorübergehend von 1292 bis 1312 den brandenburgischen Markgrafen aus dem Hause Askanien weichen und 1353 endgültig abtreten. Noch im gleichen Jahr fiel die Veste an die sächsischen Wettiner, im Erbgang an den Markgrafen Friedrich den Strengen von Meißen. Um 1500 nutzten die sächsischen Kurfürsten die Veste als Nebenresidenz, bis Herzog Johann Ernst, Vertreter einer Coburger Nebenlinie des Hauses Wettin, seine Residenz 1547 in

Veste Coburg

Veste Coburg, Steinerne Kemenate

Veste Coburg

die Ehrenburg verlegte. 1530 fand Martin Luther Zuflucht auf der Veste. Ab 1595 wurde sie eine der größten Festungen im Reich mit Errichtung von Bastionen, Türmen und Schildmauern. Von 1638 bis 1672 befindet sich Coburg im Besitz der Herzöge von Sachsen-Weimar-Altenburg und geht nach Umbenennung im Zuge des Länderaustausches an Sachsen-Gotha über. In dieser Zeit schenkte man der Veste wenig Beachtung und nach 1782 wurden hier eine Irrenanstalt und ein Zuchthaus untergebracht. Durch Herzog Ernst I. von Sachsen-Coburg und Gotha wurde die Anlage ab 1830 umgebaut und die Baumaßnahmen 1924 durch den Baumeister Bodo Ebhardt beendet. Im Jahre 1920 übernahm das Coburger Land der Freistaat Bayern und der letzte Herzog von Coburg, Carl Eduard, überließ seine gesammelten Kunstschätze der „Coburger Landesstiftung“. Im Museum befinden sich Sammlungen von Gemälden, Skulpturen, Waffen, Glas und sehenswerte Interieurs.

Schloss Ehrenburg liegt im Zentrum der Stadt, durch Herzog Johann Ernst von 1543 bis 1549 erbaut, weil er der hoch gelegenen Veste überdrüssig wurde. Es entstand unter Einbeziehung des 1250 gegründeten und 1525 erledigten Franziskanerklosters, das zur Kostenminimierung beitrug. Bereits 1547 nahm der Herzog hier seinen Sitz und empfing Kaiser Karl V., worauf vermutlich das Schloss die Bezeichnung Ehrenburg bekam. Während der Regierungszeit von Johann Casimir beginnt ab 1586 eine rege Bautätigkeit und damit die erste Umgestaltung der Dreiflügelanlage durch den jungen Hofbaumeister Michael Frey. Knappe fünf Jahrzehnte später, im Jahre 1632, rückt Wallenstein in die Stadt ein und versucht vergeblich die Veste zu erstürmen. Ein Großbrand vernichtete am 9. März 1690 große Teile des Schlosses, worauf Herzog Albrecht III. den West- und Ostflügel im Barockstil neu aufbauen ließ. Nach Plänen Karl Friedrich Schinkels begannen Umbaumaßnahmen unter der Regentschaft von Herzog Ernst I., die von André-Marie Renié-Grétry weitergeführt wurden. Erneute Bautätigkeiten, deren Vollendung 1840 das heutige Bild zeigt, erfolgten im Hinblick auf die Vermählung des Herzogs im Jahre 1832. Nach 1918 zogen in das Schloss Verwaltungen, die Landesbibliothek und bis 1990 das Landesarchiv, heute Staatsarchiv Coburg, ein. Die Erhaltung des Baudenkmals liegt seit 1941 in den Händen der Bayerischen Verwaltung der staatlichen Schlösser, Gärten und Seen. Beim Besuch des Schlosses Ehrenburg erwartet den Besucher ein faszinierender Gang durch die Geschichte. Ein beeindruckendes Erlebnis ist der Rundgang durch die Herrschaftsräume und Privatgemächer der Herzogsfamilie. Die ältesten bauhistorischen Zeugnisse gehen auf das 13. Jahrhundert zurück, als hier noch ein Franziskanerkloster stand. Das Interieur mit wertvollen Sammlungen hinterlässt bleibende Eindrücke.

Schloss Falkenegg liegt am westlichen Stadtrand, nahe der Ausfahrt nach Bad Rodach, versteckt an einem links liegenden Berghang. Das Schloss ließ Graf von Mendorff, Gatte der Schwester von Herzog Ernst I., in der ersten Hälfte des 19. Jahrhunderts erbauen. Es wurde 1891 im Auftrag des Dr. Baron von Ledersteger-Falkenegg zum heutigen Umfang erweitert. Das ursprüngliche Portal wurde 1913

Schloss Ehrenburg, Coburg

Schloss Falkenegg, Coburg

durch den Fabrikbesitzer Richard Berger umgebaut. Im Jahre 1920 ließ Rittmeister Oskar Jäger drei Wohnungen ausbauen. Seit 1941 ist das Schloss Eigentum der Stadt Coburg und wird seit 1949 als evangelisch-lutherischer Kindergarten genutzt. Unterhalb des Schlosses liegt eine gepflegte Parkanlage und im Hangbereich schließt sich der Wald an.

Beeindruckend ist der Anblick von **Schloss Ketschendorf** mit seinen beiden im Tudorstil gestalteten Flankentürmen an der Schauseite. Zu finden ist es am südlichen Stadtausgang nahe der Schnellstraße B 4, versteckt in einem Park. Es wurde 1804/05 als Sommerschlösschen im Auftrag der Herzogin Auguste, Gemahlin Franz Friedrich Antons von Sachsen-Coburg-Saalfeld, errichtet. Ab 1831 wohnte hier die zweite Gemahlin von Ernst I., Marie von Württemberg, bis sie 1860 starb. Im Jahre 1868 erwarb

Schloss Falkenegg, Coburg

Freifrau von Stolzenau das Empire-Schloss und ließ es abreißen. Das neue Schloss entstand aus Sandstein im neugotischen Burgenstil des Historismus. Mit dem neuen Bau wechselten auch zahlreiche Besitzer wie Frau von Ketschendorf, Stadtbaumeister Julius Martinet, der Amerikaner William Tilden, Kommerzienrat Karl Rudolf Epner aus Berlin, jüdischer Freiherr von Mayer. 1940 wurde es von der Stadt Coburg ersteigert. Eine Tbc-Station des Landkrankenhauses kam 1954 in den historischen Bau. Heute ist Schloss Ketschendorf eine Jugendherberge.

Schloss Ketschendorf, Coburg

Ruine Collenburg und Fechenbacher Schloss

97903 Collenberg
Landkreis Miltenberg

In der wunderschönen Landschaft am Rande des Südspessarts gelegen, zwischen Miltenberg und Wertheim, ist die Ruine Collenburg der Rüden von Collenberg und das Schloss derer von Reigersberg zu finden. Um 1250 siedelte sich Rüdt (Rüd?) von Collenberg etwa einen Kilometer östlich von Fechenbach an, dessen Geschlecht die mit drei Mauertürmen versehene **Collenburg** erbaute. Der Torbau im Norden bekam noch 1609 ein reich gegliedertes Portal und innerhalb des Berings befanden sich zwei Ansitze. Der westliche Wohnbau, im Kern aus dem 14. Jahrhundert, wurde im 16. Jahrhundert erweitert und der östliche im 15. Jahrhundert mit einem Treppenturm versehen. Im Jahre 1635 starb diese auf der Collenburg ansässige Linie in männlicher Erbfolge aus. Verheiratet mit der Enkelin des letzten Rüdt,

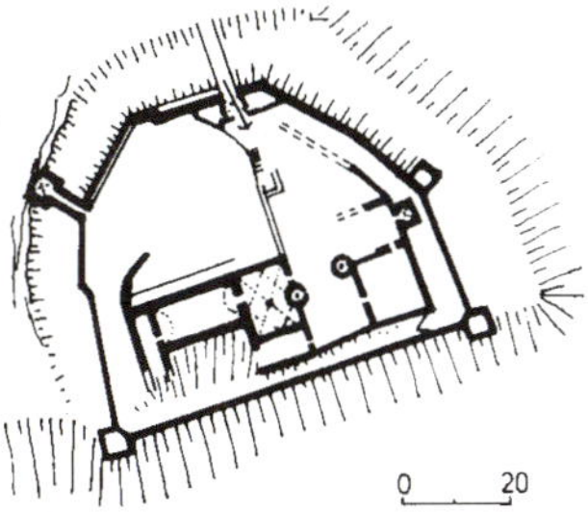

Ruine Collenburg, Collenberg, Grundriss

erwarb 1648 der mainzische Kanzler Nikolaus Georg von Reigersberg den Besitz vom Mainzer Kurfürsten als Erbe und Lehen, dessen Geschlecht um 1750 am Main ein **Schloss** erbaute und dorthin übersiedelte. Die als Försterwohnung dienende Burg begann gegen Ende des 18. Jahrhunderts zu zerfallen. Der Frankfurter Bankier Karl Freiherr von Bethmann kaufte im Jahre 1842 den Besitz der Reigersberger. Der letzte Fechenbacher Baron hatte nach dem Ersten Weltkrieg den größten Teil des Grundbesitzes an die Gemeinde verkauft, die diesen an die Kriegsteilnehmer und Hinterbliebenen verteilte. Als Freiherr Alexander von Bethmann verstarb, verkauften die Erben 1941 das Schloss. Der stattliche Rechteckbau ist zweigeschossig, besitzt einen Mittelpavillon und ist durch ein Mansarddach gedeckt. Heute befindet sich die Anlage im Besitz eines Immobilienunternehmens.

Burg Colmberg

91598 Colmberg
Landkreis Ansbach

Schon im 8. Jahrhundert soll es eine hölzerne Befestigung auf dem „Kolbenberg“ über dem oberen Altmühltal gegeben haben, die einst im heutigen Naturpark Frankenhöhe nordwestlich von Ansbach gestanden hat. Im 12. Jahrhundert errichtete man an ihrer Stelle eine mächtige Steinburg mit rundem Bergfried, einem imposanten Palas und gleich zwei Beringen, die als Lehen um 1128 an die Grafen von Hohenlohe ging und zwischen 1150 und 1240 als Reichsburg ausgebaut wurde. Sie ist ein perfektes Beispiel einer mittelalterlichen Abschnittsburg, deren Ausbau bis in das 16. Jahrhundert dauerte. Als die Stauferkaiser ausgestorben waren, nutzte Graf Friedrich von Truhendingen

Fechenbacher Schloss, Collenberg

Burg Colmberg

die Gunst der Stunde und vereinnahmte das Reichslehen Colmberg. 1269 wurden die Truhendinger erstmals im Ratsbuch der Stadt Rothenburg als Colmberger Burgherren erwähnt. Seit 1318 bis 1806 war sie im Besitz der Hohenzollern und diente ihnen als Vogteisitz, dann als markgräfliche Amtsburg, die nie erobert wurde, weder im Städtekrieg 1449 noch im Bauernkrieg 1525 und auch bei den späteren Verwüstungen des Marktfleckens Colmberg durch die kaiserlichen Truppen nicht. Im 16. Jahrhundert begann man mit dem Ausbau der Befestigungen und 1600 wurde der Palas erneuert. Im Jahre 1631 belagerte der kaiserliche Feldherr Tilly die Burg. Colmberg wurde mit dem Markgrafentum Ansbach 1791 preußisch und ab 1806 ging die Burg, in der bis 1880 ein Rentamt eingerichtet wurde, an Bayern. Danach ging die Burg in Privatbesitz über, zuerst an den Würzburger Arzt und Japanforscher

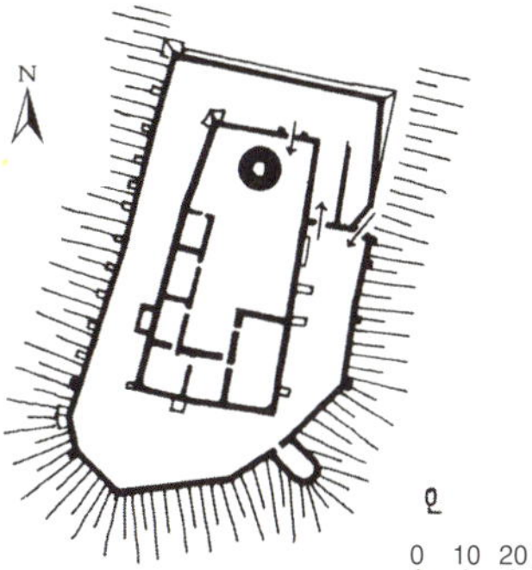

Burg Colmberg, Grundriss

Freiherr Philipp Franz von Siebold. Von 1927 bis 1964 war sie im Besitz des letzten kaiserlichen Konsuls in Japan, Dr. Dr. hc. E. A. Voretzsch. Als 1964 die Colmberger Familie Unbehauen die Burg erwarb, machte sie diese der Öffentlichkeit zugänglich und richtete ein Museum sowie ein Hotel ein. Die Trauungen in der Kapelle und Hochzeitsfeiern im Schloss sind sehr beliebt.

Schloss Cronheim

91710 Cronheim/Gunzenhausen
Landkreis
Weißenburg-Gunzenhausen

Die ursprüngliche vierflügelige Weiherhausanlage liegt in Cronheim östlich der Pfarrkirche und der Ort wiederum westlich von Gunzenhausen. Im Jahre 1140 entstand hier eine bescheidene Wasserburg, die 1390 ausgebaut wurde. Es war einst ein von Leonrod'sches Schloss, das teilweise noch erhalten ist. 1403 niedergebrannt, wurde 1572 bis 1574 der heutige Schlossbau mit späteren Veränderungen durch die Herren von Cronheim errichtet. Das Schloss wurde 1630 erneut niedergebrannt. Im Jahre 1806 ist Cronheim königlich-bayerisch. Polygonale Ecktürme flankieren die Zugangsfront des Schlosses, das auch das Hochstift Eichstätt im Besitz hatte. Vorhanden sind noch Teile des gefütterten Grabens und im Schloss befinden sich ein Museum und ein Therapiezentrum der AWO.

Schloss Cronheim

Schloss Dankenfeld

97514 Dankenfeld/Oberaurach
Landkreis Haßberge

Der in seiner äußeren Erscheinung einfache Bau, gelegen im Naturpark Haßberge, zwischen Eltmann und Burgebrach, wurde von 1714 bis 1718 unter Christian Marschalk von Ostheim erbaut. Erhalten geblieben ist nur der Ostflügel, ein bescheidener Rechteckbau. Der zum Teil abgebrochene Flügel mit seiner eins-

Schloss Dankenfeld

tigen Schlosskapelle St. Maria mit Chorapsis wurde 1854 zur Ortskirche erweitert. Das „Schloss" steht unmittelbar an der Straße und kann in Augenschein genommen werden, wobei der bauliche Zustand nicht der beste ist.

Schloss und Park Dennenlohe

91743 Dennenlohe/ Unterschwaningen

Landkreis Ansbach

Im Jahre 1711 kaufte Freiherr Paul Martin Eichler von Auritz das Rittergut Dennenlohe mit der verfallenen Wasserburg aus dem 12. Jahrhundert, zu finden westlich von Gunzenhausen. Hier im Fränkischen Seenland lässt sich eines der schönsten Barockensembles Bayerns bewundern. Die heutige Schlossanlage entstand von 1734 bis 1750 nach Plänen von Leopold Retti an der Stelle einer spätmittelalterlichen Anlage. Retti war seit 1731 Hofbaumeister der Ansbacher Markgrafen. Die Gartenanlage wurde 1737 angelegt und das Wirtschaftsgebäude 1739. Das Schloss stellt eine streng symmetrische Anlage mit geschlossenem Ehrenhof und einem zweigeschossigen, mit Mansarddach gedeckten Hauptbau dar. Akzentuiert wird dieser durch einen übergiebelten Mittelrisalit und Eckrisalite. Die Schlosskirche gegenüber der Einfahrt zum Schloss stammt im Kern wohl von 1490. Der Besitz befand sich 1825 in den Händen der Freiherren von Süsskind. 1990 legte man hier den größten privaten Rhododendronpark an und 2004 wurde der Gutshof restauriert. Das Schloss ist im Privatbesitz, doch der Park kann von April bis November besichtigt werden. Im Gutshof ist ein

Schloss Dennenlohe

Oldtimer-Museum und im Marstall ein Restaurant mit Biergarten, Schlossläden und einer Galerie eingerichtet.

Schloss Dietenhofen

90599 Dietenhofen
Landkreis Ansbach

Dietenhofen liegt im Naturpark Frankenhöhe, nördlich von Ansbach. Das Schloss, ein ehemaliges Amtshaus, ist eine einfache, zweigeschossige Anlage und wurde im 18. Jahrhundert erbaut. Als die Staufer begannen, die Straße zum Schutz ihrer Reichsgüter durch den Bau von Burganlagen zu sichern, zählte auch Dietenhofen neben anderen Ortschaften dazu. Die Herkunft der Burgherren des heutigen Kleinstädtchens liegt bisher noch im Dunkeln. Geschichtlich erwähnt, jedoch nicht belegt ist 1188 ein „Dienstmann“ Rüdiger III. von Dietenhofen und 1218 die Existenz einer Veste. Beides könnte somit in die Zeit des Burgenbaus fallen. Vorhandene Bausubstanz lässt darauf schließen, dass bereits im 13. Jahrhundert mit dem Bau des Schlosses begonnen wurde, wohl zuerst durch einen Wohnturm, der in späterer Zeit erweitert wurde. Eine erste urkundliche Erwähnung Dietenhofens fällt in das Jahr 1235, als in einer Urkunde Burggraf Konrad von Nürnberg einem Rüdiger von Dietenhofen gestattet, seine Güter dem deutschen Orden zu übertragen. Die Dietenhofener Linie lösten wohl 1368 die Herren von Leonrod Dietenhofen ab. Im Jahre 1508 verkaufte Hans VII. seinem

Oheim Wilhelm VII. von Leonrod und dessen Söhnen alle Güter, sodass sich der Besitz in sechs Teile aufspaltete. In verschiedenen Niederschriften wurde deutlich, dass zu dieser Zeit der Bau ein Wasserschloss war. Als 1523 umherstreifende Kriegshorden des Schwäbischen Bundes auch das Schloss heimsuchten, wurde es durch Brand stark beschädigt, doch später wieder aufgebaut und wohl der Westteil hinzugefügt. Ab 1684 verkaufte Philipp Friedrich Adam, der in einem Streit 1678 ungewollt auf unglückliche Weise seinen Bruder tötete, seinen Besitz an den Markgrafen Johann Friedrich von Brandenburg-Ansbach. Schloss Dietenhofen diente nun als Verwaltungsgebäude und Wohnung für die Vögte und Beamten des Markgrafen. 1759 entstand der Nordflügel mit seiner hervorragenden Zimmererarbeit im Dachgeschoss. Die Gemeinde Dietenhofen kaufte 1822 das als Amtshaus bezeichnete Schloss und richtete eine Schule und Lehrerwohnungen ein. Als 1967 die Schule auszog, wurde der historische Bau ein Kindergarten und der Heimatverein richtete ein kleines Heimatmuseum ein. Als der Kindergarten 1984 auszog, wurde das Gebäude zu Wohnzwecken genutzt, danach zog die Gemeindeverwaltung bis zur Fertigstellung des neuen Rathauses ein. 1989 übergab man die unteren Räume dem neu gegründeten Diakonieverein, dem 1. Europa-Musikzug und der Jugend. Beginnend mit dem Jahre 1996 erfolgten Außen- und Innenrenovierungen am Schloss und die Neugestaltung des Schlosshofes. Das Heimatmuseum wurde neu gestaltet und steht heute dem Besucher offen.

Schloss Dietenhofen

Burgruine Dippach

96126 Dippach/
Markt Maroldsweisach
Landkreis Haßberge

Die Ruine der Burg Dippach befindet sich am Rand des Dorfes, gelegen nahe der thüringischen Landesgrenze, nördlich von Hofheim in Unterfranken. Von der kleinen ehemaligen Wasserburg, die ein Beispiel des Besitzes des niederen Adels darstellt, sind heute noch die Umfassungsmauern und der Torturm erhalten. Die Grafen von Henneberg, denen später die sächsischen Wettiner folgten, waren ursprünglich im Besitz der unscheinbaren Burg. Danach wurden als Lehnsleute die Redwitz und Fuchs von Schweinshaupten erwähnt. Die Familie von Russwurm zog nach Erwerb im Jahre 1665 in die Anlage, die 1725 an die von Hutten zu Birkenfeld durch Kauf überging.

Burgruine Dippach

Noch zu Beginn des 18. Jahrhunderts befand sich der Ansitz in einem guten Zustand. Die Burgruine ist von einer sechs Meter hohen Ringmauer mit Torturm eines spätgotischen Weiherhauses umgeben. Einst umgab die Burg ein Wassergraben und den Zugang gewährte ein zwölf Meter hoher Torturm. Im Jahre 1525 zerstörte ein Bildhäuser Bauernhaufen die Anlage.

Schloss Ditterswind

96126 Ditterswind/
Markt Maroldsweisach
Landkreis Haßberge

Sechs Kilometer vom Ort Vaccawind, der zwischen Ebern und Bad Königshofen liegt, erreicht man Ditterswind, dessen Schloss in der Ortsmitte steht. Über Jahrhunderte gehörte der Ort verschiedenen Herren, von denen hatten die Stein vom Altenstein ihren Sitz im 1743 umgebauten Schloss, während den restlichen Teil des Dorfes das Würzburger Hochstift besaß. Die Schlossanlage ging im 18. Jahrhundert an die Erbtöchter von Thüngen und von Eyb. Nach Ende des Zweiten Weltkrieges belegten 1945 alliierte Soldaten das Schloss, das vom Besitzer Carl von Deuster 1947 an die Innere Mission abgetreten wurde. Der zweigeschossi-

Schloss Ditterswind

ge Bau im Neurenaissancestil um 1880 besitzt im Längsbau einen einbezogenen Rundturm mit Haube und wird von einem gepflegten Park umgeben. Das Schloss beherbergt heute ein Pflegeheim.

Schloss Döhlau

95182 Döhlau

Landkreis Hof

Döhlau grenzt südöstlich an die Kreisstadt Hof im Bayerischen Vogtland an, und sein neu restauriertes Schloss erfreut den Besucher. Um 1390 wird der Ort erstmals erwähnt. Die Rabensteiner übernehmen den Hof zu Tauperitz im Jahre 1398 und Hans von Rabenstein stiftet 1445 die Schlosskirche zu Döhlau. 1629 übernimmt Georg Heinrich von Eckersberg auf Pilgramsreuth das untere Gut, das schon 1643 an Wolf Christian von Kotzau geht. Im Jahre 1652 werden von Johann Christoph von Pühel die Güter wiederum von den Rabensteinern übernommen und 1692 brennt das Schloss in Döhlau ab. Der Bayerische Staat übernimmt 1838 das ehemalige Rittergut und Patronat von Döhlau, das 1892 an Otto Freiherr von Waldenfels geht. Der Neubau mit Walmdach wird 1702 erbaut, an ihm werden nach 1900 turmartige Anbauten angebracht. Das Schloss befindet sich im Privatbesitz und gelegentlich werden hier Veranstaltungen durchgeführt, unter anderem auch Automobil-Auktionen.

Schloss Döhlau

Schloss „Fantaisie“

95488 Donndorf/Eckersdorf
Landkreis Bayreuth

Westlich von Bayreuth liegen Schloss und Park, deren heutiges Aussehen der Tochter des Markgrafen Friedrich und der Markgräfin Wilhelmine von Bayreuth, Herzogin Elisabeth Friederike Sophie, zu verdanken ist. Begonnen mit dem Schlossbau hatte 1758 die Markgräfin, und als die Tochter den Besitz nach dem Tod ihres Vaters 1763 erhielt, nannte sie diesen, der ab diesem Jahr bis 1765 vermutlich nach Plänen von Rudolf Heinrich Richter vollendet wurde, „Fantaisie“. Nach dem Scheitern ihrer Ehe mit Herzog Carl Eugen von Württemberg kehrte sie von Stuttgart nach Bayreuth zurück und machte ihre Gartenfeste weit über Bayreuth hinaus berühmt. Elisabeth Friederike Sophie lebte den Sommer über mit ihrem Hofstaat auf Schloss „Fantaisie“. Sie ließ das 1761 begonnene Schloss fertigstellen und bis 1780 den spätbarocken Garten mit Pavillon, Kaskade und Neptunbrunnen anlegen. Der spätere Besitzer, Herzog Alexander von Württemberg, erweiterte durch großzügige Ankäufe ab 1804 das gesamte Areal vom Rokoko-Garten zu einem weiträumigen Landschaftspark. Der Innenbereich wurde 1937 durch einen Umbau stark verändert. „Fantaisie“ ist eine zweigeschossige hufeisenförmige Dreiflügelanlage mit erhöhtem

Schloss „Fantaisie“, Donndorf

Mittelbau. Die südlichen Eckaufbauten und Treppentürmchen wurden im 19. Jahrhundert aufgestockt. Der Gartensaal, das ehemalige Teehaus, ist ein Kunstwerk von Karl Philipp von Gontard um 1763. Der figurenreiche Neptunbrunnen im Park wurde vermutlich von den Brüdern Johann David und Johann Lorenz Räntz um die Zeit 1660 gestaltet. Ab 1793 wurde der Park im englischen Stil umgewandelt und mit zahlreichen antiken Gedenkstätten, romantisierenden Anlagen und kleinen Bauten versehen. Die Exponate im Schloss und der reizvolle Park sind wesentliche Bestandteile des ersten Gartenkunst-Museums in Deutschland, das seit 2000 hier besteht.

Schloss „Fantaisie", Donndorf, Neptunbrunnen

Schloss Ebelsbach

97500 Ebelsbach

Landkreis Haßberge

Ebelsbach liegt südöstlich von Haßfurt im Naturpark Haßberge. Das Schloss, dessen heutige Anlage von 1564 bis 1569 auf altem Unterbau unter Matthäus von Rotenhan als Wasserschloss erbaut wurde, ist seit 1396 im Familienbesitz der Freiherrn von Rotenhan. Die Umfassungsmauer zeigt an der Ostseite einen Teil des Wehrganges und durch das Fachwerktorhaus betritt man über eine Steinbrücke zum Treppenturm hin den inneren Bereich. Einbezogen in die Umfassungsmauer neben dem Torhaus ist die kleine evangelische Kapelle von 1580, mit Altar um 1710 und der Kanzel von 1688. Die Gesamtanlage bildet mit dem Wohnbau in Fachwerk und quadratischem Unterbau und der Vorburg mit Ecktürmen ein malerisches Ensemble. Es kann von außen besichtigt werden.

Schloss Ebelsbach

Schloss Ebenhausen

97714 Ebenhausen/Oerlenbach
Landkreis Bad Kissingen

Das Schloss liegt auf einer Anhöhe westlich des Ortes, der wiederum südlich von Bad Kissingen und östlich von Hammelburg liegt. Ursprünglich befand sich der Besitz in hennebergischer Hand, bis 1353 Graf Berthold von Henneberg-Hartenburg diesen an den Fürstbischof von Würzburg, Albert von Hohenlohe, verkaufte. Den Dreiflügelbau um einen unregelmäßigen Hof, den West- und Nordflügel aus dem 16. Jahrhundert und dem Ostflügel mit Einfahrt aus dem frühen 18. Jahrhundert von Joseph Greising hatte das Hochstift bis in das 19. Jahrhundert inne. Danach ging das Schloss in Privatbesitz über und kann heute nur von außen besichtigt werden. Die einstige Ummauerung mit drei integrierten Rundtürmen ist an wenigen Resten noch nachweisbar.

Burg Feuerstein

91320 Ebermannstadt
Landkreis Forchheim

Burg Feuerstein liegt auf einem bewaldeten Berg nordwestlich von Ebermannstadt, von dem sie auch ihren Namen hat. Erbaut wurde sie 1941 von Professor Oskar Vierling auf der sogenannten Langen Meile als Labor zur Forschung in der Hochfrequenztechnik und Elektroakustik und wurde bis 1945 für die Forschung an Waffen- und Kommunikationstechnik genutzt. Während des Zweiten Weltkrieges war die

Schloss Ebenhausen

Burg Feuerstein, Ebermannstadt

Burg als Sanitätseinrichtung getarnt, wurde nach Kriegsende umgehend verlassen und die Baupläne und Dokumente vernichtet. Amerikanische Soldaten beschlagnahmten die Burg und 1946 pachtete das Erzbistum Bamberg unter Leitung von Jupp Schneider die Anlage, die es 1949 erwarb. Seitdem dient das gesamte Areal, dem ein Wildgehege vorgelagert ist, als katholische Jugend- und Begegnungsstätte. Die Kirche Verklärung Christi erhielt ihre Weihe 1961 und 1999 wurde die Sternwarte gegründet.

Burgruine Rotenhan

96106 Ebern

Landkreis Haßberge

Die Burg wurde auf großen Sandsteinblöcken am Hang des Baunachtales nördlich von Ebern errichtet. Im Jahre 1323 wurde die Ende des 12. Jahrhunderts errichtete Burg des Adelsgeschlechtes Rotenhan zerstört und der Wiederaufbau verhindert. Daraufhin zog sich das Geschlecht in das Tal zurück und die Burg Eyrichshof entstand unter Verwendung von Mauersteinen der geschleiften Burg. Von der Burg Rotenhan blieb daher kein Mauerwerk erhalten, sondern nur das bearbeitete natürliche Fundament mit den direkt in den Fels geschlagenen Strukturen. Die Burgruine Rotenhan, die dem großen Adelsgeschlecht der von Rotenhan um 1200 seinen Namen verlieh, ist eine der wenigen Felsenburgen Süddeutschlands. Ein Teil der Burganlage, so der Zugang zur Burg, die Türen und Treppenanlagen sowie eine Zisterne, wurden direkt aus den Felsblöcken herausgemeißelt. Heute wird diese historische Stätte gern von Radlern und Ausflüglern aufgesucht, um in ihrer Ruhe und Geborgenheit zu verweilen.

Oben: Burgruine Rotenhan, Ebern

Unten: Schloss Ebneth

Schloss Ebneth

96224 Ebneth/Burgkunstadt
Landkreis Lichtenfels

Ebneth liegt im Dreieck von Lichtenfels, Kronach und Kulmbach, nördlich von Burgkunstadt. Den Namen hat der Ort von Ebenot (Wassernot); er taucht zum ersten Mal im Jahre 1354 auf, als er unter der Herrschaft der Herren von Marschalk, Verwandte der Herren von Redwitz, stand, die aus dem Geschlecht der Herren von Kunstadt hervorgegangen waren. Der Kernbau des gegenwärtigen Schlosses geht in das Jahr 1490 zurück, obwohl sicher schon Jahrhunderte vorher eine Burg an dieser Stelle gestanden hat. Nach der Zerstörung im Bauernkrieg und dem Dreißigjährigen Krieg sowie einer Brandkatastrophe im Jahre 1649 wurde das Schloss bis 1657 neu errichtet und hat seit dieser Zeit, außer einigen Umbauten und Erneuerungen im 18. Jahrhundert, keine grundlegenden Veränderungen erfahren. Erst ab 1972, unter Einflussnahme der Denkmalpflege, begann eine schrittweise Renovierung. Die Gesamtanlage stellt ein typisches Rittergut aus dem Mittelalter dar, besitzt neben dem Schlossgebäude eine Kapelle aus dem späten 16. Jahrhundert, ein Forst- und Brauhaus, ein Jagdhaus, ein Gutshaus und ein Amtsmannhaus sowie verschiedene Scheunen und Stallungen des 18./19. Jahrhunderts. Das Anwesen ist im Besitz einer Erbengemeinschaft.

Burg Egloffstein

Burg Egloffstein

91349 Egloffstein

Landkreis Forchheim

Die Burg, auf einer steilen Felskrone hoch über dem Tal gelegen, bildet eine malerische Gruppe aus vier ungleichen Bauteilen um einen Hof. Entstanden ist sie vermutlich in der ersten Hälfte des 12. Jahrhunderts. Der Name stammt wohl von einem urkundlich belegten Mitglied der Adelsfamilie von Egloffstein namens Agilolf ab, der erstmals schriftlich in einer Urkunde aus dem Jahr 1180 erwähnt ist. Genannt wird ein Henricus de Hegelofuesten nochmals 1184, diesmal als Heinricus de Agilolfi lapide (lateinisch Stein). Ältester Teil der typischen Spornburg ist der Turm, die alte Kemenate, direkt über dem Felsabhang. Später entstand die lange Kemenate. Die Burg wurde bewohnt und hatte natürlich auch eine militärische Funktion. Die ständige Fehde mit dem Hochstift Bamberg seit 1372, der Bauernkrieg von 1525 sowie der Dreißigjährige Krieg in den Jahren 1632 und 1645 und spätere Auseinandersetzungen hatten schwere Zerstörungen zur Folge. Häufige Um- und Neubauten wurden durchgeführt, so die Errichtung eines Kanonenturms 1664 oberhalb des Burggrabens, der 1800 einstürzte. 1890 wurde der Burggraben verfüllt und gleichzeitig das Amtsdienerhaus um ein

Burg Egloffstein

Stockwerk erhöht. Die Burg, in der man nach Anmeldung eine Führung bekommt, befindet sich noch heute im Besitz der Familie von und zu Egloffstein und wird von ihr genutzt und unterhalten. An der Stelle des heutigen Amtshauses, das Wohnzwecken dient, stand einst das Witwenschloss.

Schloss Eichelsdorf

97461 Eichelsdorf/ Hofheim i. UFr.
Landkreis Haßberge

Die imposante zweiflügelige Anlage, die von einem Privatbesitzer den Barmherzigen Schwestern in Würzburg geschenkt wurde, liegt 3 km nördlich von Hofheim. Lange Jahre wurde das Schloss als Altenpflegeheim und heute als Altenheim der Schwestern des Klosters St. Alfons genutzt. Im Jahre 1330 werden als Lehnsträger die Greusing genannt und 1499 Schott von Schottenstein. Im 16. Jahrhundert waren die Freiherren von Münster Besitzer der zu dieser Zeit bestehenden Anlage. Das heutige Schloss entstand von 1678 bis 1712 an der Stelle ei-

Schloss Eichelsdorf

ner im Bauernkrieg zerstörten Wasserburg für die Freiherren von Münster. 1869 wurde es an einen Hofheimer Gerbereibesitzer versteigert, der es schließlich an die bereits genannten Schwestern verschenkte. Der ursprünglich zweiflügelige, mit runden Ecktürmen versehene Bau weist hofseits ein schönes Portal auf. Park und Schloss können äußerlich besichtigt werden.

Ruine Trimburg, Elfershausen

Burgruine Trimburg und Schloss Elfershausen

97725 Elfershausen

Landkreis Bad Kissingen

Die unmittelbar über der B 287 zwischen Bad Kissingen und Hammelburg hoch auf einem steilen Bergsporn stehende **Trimburg** wurde 1135 durch Gotswin von Trimberg als Hauptburg von eigentlich drei Burgen begonnen und wurde Stammsitz der Herren von Trimberg. Im Jahre 1226 wird eine Niederburg erwähnt, auch Linsenburg genannt, die im Dreißigjährigen Krieg vollends zerstört wurde. 1292 wurde die Anlage an das Hochstift Würzburg verkauft und war Amtssitz. Nach Beschädigungen im Bauernkrieg 1525 wurde sie erneuert. Fürstbischof Julius Echter von Mespelbrunn baute 1592 den Echterbau. Im Jahre 1803 wird die Trimburg auf Abbruch verkauft, doch 1833 stoppt König Ludwig I. von Bayern den endgültigen Verfall. Von den drei Burgen, deren oberste Altenburg und deren unterste Niederburg genannt wurde, sind nur wenige Reste erhalten geblieben. Die Burg wurde auf einem keilförmigen Grundriss errichtet. Ihre östliche Angriffseite war durch eine kräftige Schildmauer geschützt, und über Eck dahinter stand der quadratische Bergfried. An der Nord- und Südseite des engen Hofes entstanden die Wohngebäude auf romanischen Grundmauern. Aus der Zeit Julius Echters stammen großenteils die umfangreichen

Schloss Elfershausen

äußeren Wehranlagen an der West- und Südseite mit doppeltem Bering. Auf der Burg wird eine Sommerwirtschaft betrieben, die ihre Öffnungszeiten durch eine weithin sichtbar gehisste Fahne anzeigt.

Im Ort Elfershausen erbaute 1562 Christoph Heinrich von Erthal ein **Schloss**, das bis 1805 im Besitz der Familie verblieb. Das heute der Gemeinde gehörende Schloss ziert das Ehewappen Erthal-Rosenberg. Im Gebäude ist die Stadtverwaltung untergebracht.

Deutschordensschloss

91792 Ellingen
Landkreis
Weißenburg-Gunzenhausen

Das Städtchen Ellingen am östlichen Ausläufer der Fränkischen Alb liegt nördlich von Weißenburg. Im späten Mittelalter stand hier eine Wasser-

Deutschordensschloss, Ellingen

burg, die im 18. Jahrhundert in ein Barockschloss umgewandelt wurde. 1216 übergab Kaiser Friedrich II. dem Deutschen Orden das um 1180 gestiftete Spital von Ellingen. Ende des 14. Jahrhunderts bis 1789 residierte im Schloss der Landkomtur der Deutschordensballei Franken. Erbaut wurde die Residenz von 1718 bis 1721 von Franz Keller im Auftrage des Komturs Karl Heinrich Freiherr von Hornstein. 1796 fiel sie an Preußen. Eine architektonisch herausragende Arbeit ist das Treppenhaus, dessen Treppenläufe sich auf einem Mittelpodest vereinigen, von dem aus ein einziger Arm in das erste Obergeschoss mündet, während die gleiche Anordnung zum zweiten Obergeschoss führt. Hier weiten sich Treppenhaus und Korridor unter einem gemeinsamen Spiegelgewölbe zum einheitlichen Stiegensaal. Die Prunkräume in frühklassizistischer Neuausstattung wurden durch Michel d'Ixnard ab 1774 geschaffen. König Max I. von Bayern übergab 1815 das Schlossensemble seinem Feldmarschall Fürst von Wrede, dessen Nachkommen es 1939 an den Bayrischen Staat verkauften. Die Museumsräume bieten dem Besucher prachtvolle Einrichtungen. Im Schloss hat ebenfalls das Kulturzentrum Ostpreußen seinen Sitz gefunden.

Schloss Emtmannsberg

Schloss Emtmannsberg

95517 Emtmannsberg
Landkreis Bayreuth

Südlich von Bayreuth liegt der 1250 erstmals erwähnte Ort, dessen Ortswappen die Familienwappen der Adelsgeschlechter von Künßberg, die bis 1487 Besitzer waren, enthält. Weitere Eigentümer waren die Freiherrn von Stein im 17. und 18. Jahrhundert, die von Trautenberg und von Schaumberg. Eine Inschrift über dem Torbogen aus dem Jahre 1689 mit Wappen nennt den letzten

Schloss Erlangen, Orangerie

Schlossherrn, Erdmann Freiherr von Stein. Das Schloss wurde um 1664 und 1686 nach einem Brand wiederhergestellt und durch Umbauten weitgehend verändert. Von der ursprünglichen Dreiflügelanlage sind nur der Mittelbau mit Dachreiter und Portalrisalit übrig geblieben. Es dient zu Wohnzwecken.

Schloss Erlangen

91052 Erlangen

Das von 1700 bis 1704 nach Plänen Antonio della Portas erbaute Schloss liegt im Zentrum der Stadt. Es brannte 1814 aus, doch schon 1821 bis 1825 entstand es

Schloss Erlangen

wieder im neuen Glanz. Der dreigeschossige, gestreckte Quaderbau besitzt einen kräftigen, vortretenden Mittelrisalit. Der ehemals reich mit Parkfiguren versehene Schlossgarten und der gleichzeitig angelegte Barockgarten wurden ab 1786 im englischen Landschaftsstil umgestaltet. Erhalten blieben von der einstigen Pracht in der Hauptachse nur noch der Hugenottenbrunnen aus der Zeit 1705/06 von Elias Räntz und das Reiterdenkmal. Im Park befindet sich nebst verschiedenen Denkmalen und Plastiken auch eine Orangerie, entworfen von Gottfried von Gedeler. Der Park ist frei zugänglich und im Schloss befindet sich die Universität Erlangen.

Schloss Eschenbach

91224 Eschenbach/ Pommelsbrunn

Landkreis Nürnberger Land

Östlich von Nürnberg, nahe Hersbruck, liegt die Gemeinde Eschenbach mit ihrer ehemaligen Wasserburg. Nach Zerstörung der mittelalterlichen Anlage im Markgrafenkrieg wurde 1554 ein Neubau erstellt. Die typische Wasserburg stellte eine Zweiflügelanlage aus dreigeschossigem Palas und einem

Schloss Eschenbach

Anbau dar. Der Treppenturm wurde 1885 neu errichtet. Der Hofraum ist durch eine Wehrmauer auf der einen und einen Turm sowie Torbau auf der anderen Seite geschlossen. Der Wassergraben und die äußere Mauer wurden bis auf einen runden Eckturm beseitigt. Die Anlage ist im Privatbesitz und nicht zugänglich.

Schloss Eyrichshof

96106 Eyrichshof/Ebern

Landkreis Haßberge

Zwei Kilometer nördlich von Ebern, im Tal der Baunach, liegt die malerische Dreiflügelanlage in einem gepflegten Park. Im Jahre 1232 wurde hier erstmals ein „Iringerstorff" genannt. Die aus dieser Zeit stammende An-

Eyrichshof

lage wurde 1323 zerstört. 1330 bis 1340 bauen die Freiherren von Rotenhan diese zu einer Wasserburg aus. Sie wurde im Bauernkrieg zerstört und der Wiederaufbau als Renaissanceschloss, das noch heute die Anlage prägt, wurde von 1530 bis zum Ende des 16. Jahrhunderts betrieben. Von 1735 bis 1746 erfolgten durch den Ansbacher Architekten Karl Friedrich von Zocha größere Umbauten, zu denen die Erweiterung des Nordflügels zählt. Eine Restaurierung erfuhr das Schloss in den Jahren 1846/47 und 1889. Heute präsentiert sich dem Besucher eine dreigeschossige, in unterschiedlicher Gebäudehöhe errichtete Anlage mit Satteldächern und Treppengiebeln. Südwestlich befindet sich ein mächtiger Rundturm mit Helm von 1889, und die niedrigen Ostteile des Südtraktes mit rundem Treppenturm sind durch die Restaurierung von 1846/47 geprägt. Im Mitteltrakt befindet sich der Hauptsaal mit prächtiger Renaissancetür und im Nordflügel der Fürstensaal mit schöner Dekoration und Fürstenbildnissen sowie das sogenannte Große Luttry-Zimmer mit Landschaftsdarstellungen. Die ehemalige Orangerie aus der Zeit um 1690 weist gute Stuckaturen auf. Die evangelische Schlosskapelle St. Bartholomäus ist in die Zeit von 1685/86 zu datieren. Der Frühbarockbau zeigt eine reiche Portalfront mit Ausstattung aus der Bauzeit. Die Schlossanlage ist Privatbesitz. Die Besitzer gestatten den freien Zugang zum Innenhof und man kann das imposante Bauwerk in respektvollem Abstand auf sich wirken lassen.

Schloss Eyrichshof, Eyrichshof

Schloss Eysölden

91177 Eysölden/
Markt Thalmässing
Landkreis Roth

Südlich von Hilpoltstein, nahe der A 9, liegen Ort und Schloss Eysölden. Dem Geschlecht der Eysöldener folgten die Knöringer, darauf die Markgrafen von Ansbach und schließlich wieder die Knöringer als Eigentümer und Schlossherren. Das auf den Besucher gewaltig wirkende Schloss ist eine spätgotische Vierflügelanlage mit vier runden Ecktürmen, an deren Westseite sich der dreigeschossige Wohnbau befindet. Die Wirkung wurde jedoch durch moderne Umbauten und Ausbesserungen beeinträchtigt. Im Schloss befindet sich eine Gaststätte.

Schloss Eysölden

Zeidlerschloss, Tucherschloss und Pfinzingschloss

90537 Feucht
Landkreis Nürnberger Land

Südöstlich von Nürnberg gibt es in der Stadt Feucht drei Schlösser. Das **Zeidlerschloss** entstand auf den Grundmauern eines Vorgängerbaus des Jahres 1427, als zu jener Zeit der Nürnberger Bürger Burckard Peßler die Reichslehngüter erwarb. 1480 übernahm Steffan Peßler den Herrensitz, verkaufte ihn 1503 und im Erbfolgekrieg brannte der Bau nieder. Nachdem die Besitzer, das Ehepaar Harsdorffer, Anfang des 16. Jahrhunderts verstarben, ging der Besitz an Gabriel und Katharina Nützel über, die das Herrenhaus wieder aufbauten. Der Herrensitz wechselte noch mehrmals seine Eigentümer, bis er im Zweiten Markgrafenkrieg in Schutt und Asche fiel. Ratskonsulent Dr. Christoph Gugel setzte 1556 die Anlage als einen turmartigen, dreigeschossigen Schlossbau mit Walmdach und einem angrenzenden Park mit weitgehend heutigem Aussehen wieder instand. Zahlreiche Besitzer folgten in den Jahrhunderten, bis 1804 Georg Christoph von Oelhafen Eigentümer wurde, mit dem der Besitz völlig zerschlagen wurde. Im Laufe der Zeit wurden bereits viele Teile des Grundbesitzes veräußert, sodass nur noch das Herrenhaus und eine Gartenfläche übrig blieben. Von der Familie Hausner ging das Zeidlerschloss 1976 an die Marktgemeinde Feucht. Der im Nürnberger Umland liegende ehemalige Herrensitz dient heute den Gemeindebürgern und seinen Gästen als Begegnungsstätte.

Das **Tucherschloss** wurde in der zweiten Hälfte des 17. Jahrhunderts als dreigeschossiger Quaderbau mit Satteldach, rückseitigem Treppenturm und Rundbogentor zwischen Pilastern errichtet. Es war der ehemalige Sommersitz der Patrizierfamilie Tucher und wurde 1591 erbaut, in vier Jahrhunderten mehrfach umgestaltet und durch einen Brand fast zerstört. Heute ist hier eine Gaststätte unterge-

Zeidlerschloss, Feucht

bracht. In liebevoller Detailarbeit wurde das Schloss über viele Jahre saniert und 2002 fertiggestellt.

Das heutige **Pfinzingschloss**, als drittes im Bunde dieser historischen Bauwerke, stammt aus der zweiten Hälfte des 16. Jahrhunderts. Nachgewiesen wurde ein Schloss schon im 15. Jahrhundert. Der Ansitz wird 1469 genannt, als Ludwig Pfinzing seine Güter an die Reichsstadt Nürnberg verkaufte. Bald darauf wird der Herrensitz erneut veräußert und geht an den Ratskonsulenten Dr. Sebald Müller, der ihn bis zu seinem Tod 1495 besaß. Im Landshuter Erbfolgekrieg brannte der Herrensitz zur Ruine nieder und wurde von Bernhard Glotz bald wiederaufgebaut. Um 1568 baute der Patrizier Georg Tetzel das Pfinzingschloss wieder auf, nachdem es im Zweiten Markgrafenkrieg wiederum niedergebrannt war. Nach mehreren Besitzerwechseln ging das Schloss 1677 abermals an die Reichsstadt Nürnberg. In der Folgezeit gab es einige Veränderungen am Schlossareal. Als Helena und Friedrich Scherrbacher das Schloss nach vielen vorherigen Wechseln übernahmen, richteten sie hier eine kleine Fabrik ein. Es ist ein groß proportionierter Quaderbau mit vier Ecktürmchen, im Privatbesitz und erhielt im Jahre 2007 eine neue Außenfassade. In einem Nebengebäude ist das Hermann-Oberth-Raumfahrt-Museum untergebracht.

Tucherschloss, Feucht

Schloss Fischbach

96106 Fischbach/Ebern

Landkreis Haßberge

Fischbach mit seinem trutzigen Gebäude liegt nördlich von Ebern im Baunachtal. Hier hatte bereits Ende des 13. Jahrhunderts eine Rotenhan'sche Burg gestanden, die 1323 gleichzeitig mit der Burg Rotenhan zerstört wurde. 1332 wurde sie wieder aufgebaut, doch 1525 im Bauernkrieg abermals zerstört und als Schloss 1530 gestaltet. Der Unterbau und die runden Türme stammen noch vom Vorgängerbau. 1707 brannte das Fachwerk-

Schloss Fischbach

obergeschoss ab und wurde später wieder aufgestockt. Die Besitzer führen einen zum Schloss gehörenden Reiterhof.

Pfalz

91301 Forchheim

Landkreis Forchheim

Die im Zentrum der Stadt stehende „Kaiserpfalz" war der Ort, an dem 911 Konrad I. zum deutschen König gewählt wurde. Der Neubau vom Bamberger Bischof Lambert von Brunn gegen Ende des 14. Jahrhunderts besteht bis heute. In seinem Auftrag malten böhmische Künstler das Gebäude aus. Ein malerischer Innenhof ist von Anbauten aus dem 16. und 17. Jahrhundert umgeben. Nach der Säkularisation 1803 wurde durch den bayerischen Staat das Gebäude als Rentamt, Tabakspeicher und für die Polizei genutzt und sollte danach abgerissen werden. Forchheimer Bürger verhinderten den Abriss und 1911 wurde das Pfalzmuseum eingerichtet. Der Innenbereich des Hauptgebäudes ist weitgehend erhalten geblieben. Die Stadt Forchheim ist seit 1988 Eigentümer der Pfalz und gestaltete sie zum Museums- und Kulturzentrum um. Im Som-

Pfalz, Forchheim

Schloss Freienfels

mer finden hier vielfältige kulturelle Veranstaltungen statt. Umfangreiche Malereien von Jakob Ziegler aus den Jahren 1559/60 sind im zweiten Obergeschoss zu besichtigen. Eine schöne und informative Sammlung zur Vor- und Frühgeschichte und Volkskunde, Gemäldegalerie, Trachtenmuseum sowie gelegentliche Veranstaltungen laden zu einem Besuch ein.

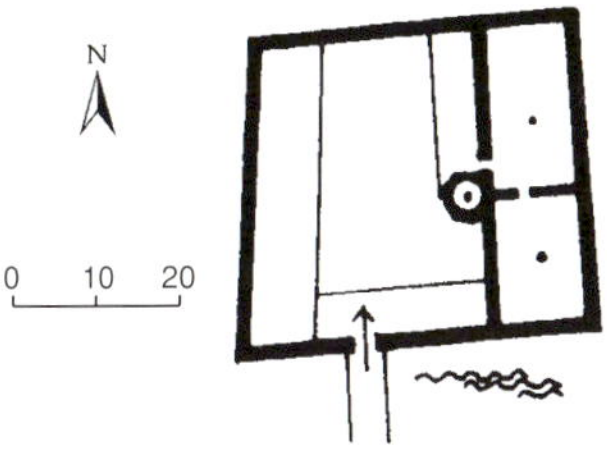

Pfalz, Forchheim, Grundriss

Schloss Freienfels

96142 Freienfels/Hollfeld

Landkreis Bayreuth

Freienfels liegt im Naturpark Fränkische Schweiz, an der B 22 auf halber Strecke zwischen Bamberg und Bayreuth.

Die Burg wurde im Jahre 1283 durch Ritter Otto von Aufseß erbaut und war nur dem Kaiser und Reich untertan. Zerstörung im Bauernkrieg 1525 und im Dreißigjährigen Krieg. Danach baute sie Ritter Pankraz von Aufseß wieder auf. Die heutige Gestalt ist dem Domdechanten Carl Siegmund Freiherr von Aufseß aus der Zeit von 1693 bis 1701 zu-

zuschreiben, der die Burg niederreißen ließ und das Schloss erbaute. In der Zeit des Dritten Reiches diente die Anlage der Partei und in der Kriegs- und Nachkriegszeit als Kindererholungsheim der Stadt Nürnberg. Geschützt war das Schloss durch den schroff abfallenden Felsen zum Tal hin und durch zwei Gräben von der Bergseite. Es stellt einen stattlichen Bau mit Ringmauer und Rundtürmen dar. Im Inneren befinden sich zwei stuckierte Säle von Johann Jakob Vogel um das Jahr 1700, vielleicht auch unter Mitwirkung durch Franz Jakob Vogel um 1740. Die Burg ist in Privatbesitz. Gelegentlich finden Führungen statt.

Schloss Friesenhausen

Schloss Friesenhausen

97491 Friesenhausen/ Aidhausen

Landkreis Haßberge

Die Anlage ist ein Wasserschloss im Ort Friesenhausen der Gemeinde Aidhausen und liegt im Naturpark Haßberge, nordwestlich von Hofheim in Unterfranken. Philipp Fuchs von Dornheim, Propst des Domkapitels in Würzburg, ließ von 1563 bis 1701 das zweiflügelige Renaissancewasserschloss errichten und einen weitläufigen Park anlegen. Das Schloss besitzt aufwändig gestaltete Volutengiebel. Die Brücke und das Eingangstor stammen von 1700 und werden von zwei lebensgroßen steinernen Turnierrittern flankiert. Das Familienwappen derer von Dalberg-Zobel verweist auf ehemalige Eigentümer. Nach den von Dalbergs waren die Truchsesse von Wetzhausen im Besitz der Güter. Das schöne äußere Tor mit einem Gitter fällt in die Zeit um 1730 und die Ausstattung in das frühe 18. Jahrhundert. Im angrenzenden Park steht ein kolossaler Herkules, mit der Lernäischen Schlange kämpfend, um das Jahr 1730 gefertigt. Die Anlage ist im Privatbesitz der Familie von Eichborn, die nach Anmeldung Führungen durchführt.

Schloss Fröhstockheim

Schloss Fröhstockheim

97348 Fröhstockheim/ Gem. Rödelsee
Landkreis Kitzingen

Ort und Schloss liegen 6 km östlich von Kitzingen am Ausläufer des Naturparks Steigerwald. Die Grundmauern der Anlage stammen aus dem 12. Jahrhundert. Dietrich und Apel Fuchs wurden 1393 vom Grafen Heinrich von Henneberg mit der Burg belehnt. Nach der Zerstörung des Anwesens im Bauernkrieg erwarb Wolf von Crailsheim, genannt der Glückliche, Fröhstockheim 1529 von seinem Schwager Wolf von Heßberg. Sein Sohn Ernst baute die Burg wieder auf und gestaltete sie zu seinem Wohnsitz. Die ehemalige Wasserburg ist eine zweigeschossige Anlage der Spätrenaissance mit vier Flügeln und ebensovielen runden Ecktürmen. In der Barockzeit bekam das Schloss, das seit 450 Jahren im Besitz der Freiherren von Crailsheim ist, Mansarddächer, Türme und unterschiedliche Schieferhauben. Der Bereich ist für die Öffentlichkeit nicht zugänglich.

Schloss Gaibach

97332 Gaibach/Volkach
Landkreis Kitzingen

Schloss Gaibach, das nördlich von Volkach zu finden ist, ließ von 1590 bis 1608 Valentin Ech-

Schloss Gaibach

Huttenschlösschen, Gemünden a. Main

ter von Meister Jobst Pfaff erbauen. Lothar Franz von Schönborn baute die Anlage von 1694 bis 1710 um. Im Jahre 1698 erfolgten Erweiterungen an der Gartenseite und 1705 entstand die Hauptstiege. Gleichzeitig gestaltete Baumeister Johann Leonhard Dientzenhofer den Garten, unter Hinzuziehung von Hildebrandt Martinelli und Welsch. Ursprünglich war der Bau ein quadratisches Wasserschloss mit runden Ecktürmen über mächtigen Fundamenten mit Bastionen. Der Barockgarten war einer der weitläufigsten und berühmtesten seiner Zeit in dieser Region. Die hier stehende Konstitutionssäule wurde nach einem Entwurf von Leo von Klenze 1820 bis 1828 geschaffen. Heute befindet sich im Schloss das Franken-Landschulheim. Es ist nur äußerlich zu besichtigen.

Huttenschloss

97737 Gemünden a. Main
Main-Spessart-Kreis

Gemünden a. Main liegt im schönen Naturpark Bayerischer Spessart, auf halber Strecke an der B 26 zwischen Lohr am Main und Karlstadt. Amtmann Stern ließ den Renaissancebau mit den imposanten angesetzten Türmchen 1711 auf dem Grund eines ehemaligen Gutes der Voite von Rieneck errichten. Dieser ging später an das einflussreiche fränkische Adelsgeschlecht der Grafen von Hutten über, woran ihr Wappen über dem Portal erinnert. Durch die Nutzung als Rentamt und Lager für den Reichsarbeitsdienst wurde das Huttenschloss stark in Mitleidenschaft gezogen. Ab 1988 wurde es sorgfältig renoviert. Heute beherbergt es die Touristinformation, das Film-Photo-Ton-Museum und die Dokumentationsstelle Naturpark Spessart. Im Freigelände kann eine Güterzug-Dampflok aus dem Verkehrsmuseum besichtigt werden.

Jagdschlösschen

91166 Georgensgmünd
Landkreis Roth

Im Jahre 1666 wurde vom Ansbacher Markgrafen Albrecht V. ein kleines Jagdschlösschen nahe dem heutigen Fränkischen Seenland, südlich von Roth, im Zentrum von Georgensgmünd erbaut. Es war bis 1712 Sitz des Markgräflichen Wildmeisters. Von 1712 bis 1919 diente es als Wirtshaus „Zur Krone“. Als 1995 die Gemeinde das Schlösschen

Jagdschlösschen, Georgensgmünd

Schloss, Gereuth

kauft, wird eine aufwändige Restaurierung vorgenommen und das Gebäude seit 1999 als Kulturdenkmal für Kunstausstellungen, heimatgeschichtliche Informationen und Trauungen genutzt. Des Weiteren befinden sich hier eine Künstlerwohnung und das westböhmische Heimatmuseum Saazer Stuben.

Schloss und Altes Schloss

96190 Gereuth/Untermerzbach
Landkreis Haßberge

Gereuth liegt nördlich von Ebern, nahe der Kreisgrenze zu Coburg. Die Herrschaft ging 1706 an Fürstbischof Johann Philipp von Greiffenclau-Vollraths, worauf bald danach ein **Schloss** als dreigeschossige Anlage zu drei Flügeln mit vier Pavillons an den Ecken folgte. Sie besitzt eine kraftvolle Gliederung durch toskanische Pilaster und ein wuchtiges Portal als Abschluss des

Altes Schloss, Gereuth

Ehrenhofes. Im Schloss ist ein Schlossrestaurant eingerichtet, Gästezimmer stehen zur Verfügung. Das **Alte Schloss**, als rechteckiger Trakt mit romanisierenden Formen an den Säulen einer ebenerdigen Arkadenreihe, steht gegenüber und entstand um 1600. Beide Bauten befinden sich im Privatbesitz.

Schloss Giechkröttendorf

96260 Giechkröttendorf/ Stadt Weismain
Landkreis Lichtenfels

Ort und Schloss liegen in einem Seitental von Weismain. Letzteres gehörte einst den Herrn von Giech, einem heute erloschenen Geschlecht, das in längst vergangener Zeit großen Einfluss in der Region hatte. Bereits 1350 erhielt Chunrad von Giech die Bamberger Besitzungen Kröttendorf als Lehen. Das Schloss wurde wie so viele andere adlige Bauten im Bauernkrieg zerstört und in den Jahren 1571 bis 1576 wieder neu errichtet. Schließlich verkaufte Achaz von Giech 1618 das Schloss an das Kloster Langheim. Nach der Säkularisierung ging das Anwesen an den bayrischen Staat, erfuhr jedoch noch weitere Besitzerwechsel in der Folge. Das Interieur des dreigeschossigen, verputzten Mansarddachbaus mit Treppen- und Eckturm stammt aus dem 18. Jahrhundert. Das Schloss ist nur von außen zu besichtigen.

Schloss Gleisenau

97500 Gleisenau/Ebelsbach
Landkreis Haßberge

Gleisenau, das 2 km nördlich von Eltmann liegt, wurde im 9. Jahrhundert als Gisinawa erwähnt und war im 14./15. Jahrhundert Edelsitz der Freiherren von Rotenhan. Das Schloss erbaute

Schloss Giechkröttendorf

1772/73 Johann Jakob Vogel für den Bamberger Domdechant Otto Philipp Groß von Trockau an der Stelle eines älteren Wasserschlosses, von dem der Graben erhalten blieb. Es ist eine bedeutende dreigeschossige Rechteckanlage mit Risalitgliederung, stilistisch am Übergang vom Rokoko zum Klassizismus. Das Portal ist mit Wappen der Herren von Trockau geziert. Im Inneren befinden sich gemalte Scheinarchitekturen an Wänden und Decke sowie Gemälde des 18. Jahrhunderts. Heute befinden sich im Schloss die Grundschule und der Sitz der Gemeindeverwaltung. Es wird von einem großen Park begrenzt.

Burg Gößweinstein

91327 Gößweinstein

Landkreis Forchheim

In der reizvollen Fränkischen Schweiz, zwischen Ebermannstadt und Pottenstein, ist auf einem pittoresken Felsen über dem Städtchen und malerischen Tälern die Burg gelegen. Hier hat sich Richard Wagner für seine Oper „Parsifal“ inspirieren lassen, denn er war laut Gästebuch Gast in diesen Mauern. Angenommen wird, dass die Gründung der Burg in der zweiten Hälfte des 11. Jahrhunderts erfolgte. Goswin II. baute sie weiter aus und Goswin III. residierte auf der Burg bis 1100. Bischof Otto I. kaufte danach den Besitz nebst Amt und setzte Vögte ein, Edelherren, die sich nach ihrem Sitz nannten. Im Jahre 1160 verfügte Kaiser Barbarossa, dass Gößweinstein nicht mehr belehnt werden durfte, sodass es seitdem unzertrennlich mit dem Bistum Bamberg verbunden war. Mit dem Einfall der Hussiten aus Böhmen 1430 sowie dem Bauernkrieg 1525 und der damit zusammenhängenden Verwüstung durch Raub und Plünderung fiel Gößweinstein in Schutt und

Schloss Gleisenau

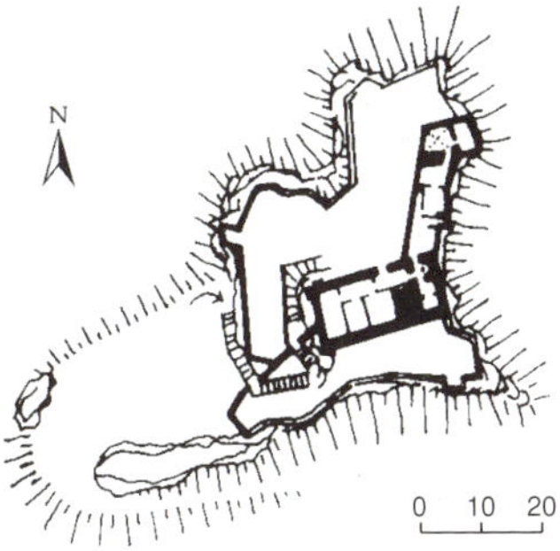

Burg Gößweinstein, Grundriss

Asche. Fürstbischof Philipp von Gebsattel ließ erst nach Beendigung des Dreißigjährigen Krieges die zerstörte Burg wiederaufbauen, in welche erneut das Amt einzog. 1802 ging nach der Säkularisation die Burg an den bayrischen Staat über und 1890 kaufte sie Dr. Edgar Freiherr von Sohlern. Die Anlage befindet sich weiterhin im Privatbesitz. Der Hausherr bietet jedoch für die Öffentlichkeit Besichtigungen der Inneneinrichtung an.

Schloss Hafenpreppach

96126 Hafenpreppach/
Markt Maroldsweisach
Landkreis Haßberge

Das Schloss, einst im Besitz der Stein von Altenstein, ist zwischen Ebern und Maroldsweisach zu finden. Danach besaß es von 1604 bis 1789 die Familie von Greiffenclau als Lehen, und zwar zu drei Viertel vom Hochstift

Burg Gößweinstein

Würzburg und zu einem Viertel von Henneberg-Sachsen-Römhild. Im 19. Jahrhundert ging es in den Besitz der Familie Prieger über und im 20. Jahrhundert wurde Helmut Riehl Schlossherr auf Hafenpreppach. Nach dessen Tod im Zweiten Weltkrieg veräußerte seine Familie den Zweiflügelbau an das Bayrische Rote Kreuz. Der von Fürstbischof Johann Philipp von Greiffenclau barockisierte Ostflügel entstand im 17. Jahrhundert und der Westflügel 1714. Eine Besichtigung ist nicht möglich.

Burg Saaleck
Schloss Hammelburg

97762 Hammelburg
Landkreis Bad Kissingen

Im 12. Jahrhundert gründete das Kloster Fulda zum Schutz vor dem Hochstift Würzburg eine **Burg** hoch oben auf dem Saaleck bei der Stadt Hammelburg, die 1228 erstmals genannt wird. Fürst Marquardt II. übergab sie als Lehen an die Brüder Heinrich und Eberhard von Schowenburg (Schaumburg). Der Bergfried, der sogenannte Centturm, stammt noch aus dem 13. Jahrhundert, wurde aber wegen Baufälligkeit auf etwa sechs Meter verkürzt. In den Jahren 1249 bis 1261 verstärkt Abt Heinrich von

Schloss Hafenpreppach

Erthal die Burg. Seit 1293 hatten verschiedene Besitzer, so die Familie von Thüngen, die Grafen von Henneberg, von Rieneck, von Klingenberg und von Hutten die Burg inne. Bis zur Säkularisation war sie im Besitz der Abtei Fulda und von Lehns- und Amtsleuten bewohnt. Danach ging sie an das Königreich Bayern. 1866 erlitt die Anlage schwere Kriegsschäden. Die heutige Gestalt der dreiecki-

Burg Saaleck, Hammelburg

Schloss Hammelburg

gen Anlage stammt von 1644, als die verfallene Burg durch Salentin von Sintzig als Alterssitz ausgebaut wurde und die schweren Schädigungen des Dreißigjährigen Krieges beseitigt wurden. Fürstbischof Adalbert von Harstall ließ gegen Ende des 18. Jahrhunderts die Wohnbauten als Sommerresidenz herrichten. 1964 kauft die Stadt Hammelburg Saaleck und richtet ein Hotel und Weingut ein.

Das **Schloss** der Fürstäbte von Fulda steht in der Ortsmitte der Stadt und wurde als Vierflügelanlage im Barockstil mit Mittelpavillon und rechteckigem Innenhof erbaut. Der Umbau älterer Teile erfolgte durch Fürstabt Adolf von Dalberg, 1726 bis 1733, nach Plan von Andrea Galasini aus Mantua. Im Giebel befindet sich das Dalberg-Wappen. Der Innenbereich und die Dächer wurden nach einem Brand von 1854 verändert. Heute ist es Sitz der Polizei, der Touristinformation und Stadtbibliothek mit integriertem Weinkeller.

Burg Hartenstein

91235 Hartenstein

Landkreis Nürnberger Land

Die mittelalterliche Anlage liegt südlich von Neuhaus an der Pegnitz und war seit 1500 im Besitz der Wittelsbacher. Sie wurde nach dem Dreißigjährigen Krieg zur kurbayerischen Festung ausgebaut. Erbaut wurde die Burg, von der nur noch der sogenannte Palas mit Anbauten, das Torhaus, Brunnenhäuschen und die kleine Kemenate erhalten blieben, schon 918. Im Jahre 1794 wurde die Burg auf Abbruch verkauft. Bei Untersuchungen der Anlage kamen bei der Entfernung der Ziergewölbe historisch wertvolle Holzdecken zum Vorschein, die wohl in das Jahr 1541 zu datieren sind. Die Burg wurde in der Zeit zwischen 1703 bis 1714 von Nürnberger Besatzungstruppen stark beschädigt, wobei auch einige Gebäude zum Opfer fielen und später abgebrochen werden mussten. Die Anlage befindet sich im Umbau und kann nicht besichtigt werden. Geplant sind ein Museum und ein Restaurant.

Burg Hartenstein

Schloss Kreuth

91180 Heideck

Landkreis Roth

Heideck mit seinem Schloss Kreuth liegt inmitten des Fränkischen Seenlandes, östlich des Großen Brombachsees. 1570 war Heideck im Pfandbesitz der Stadt Nürnberg und als Pfleger residierte hier Bernhard Nützel. Dieser kaufte während seiner Amtszeit von den Bürgern Felder auf und errichtete auf dem Grundstück Kreuth ein Wohnhaus mit Stadel. In der Folge tauchten zahlreiche Besitzer auf, wie ein Graf von Hamilton und Baron Martellus Bonnet. In der zweiten Hälfte des 19. Jahrhunderts folgten als Besitzer die Familie Neumann, das Eichstätter Kloster St. Walburg und schließlich die Fürsten von Öttingen. In Kreuth wurden die Öttingisch-Großspielbergischen Prinzen erzogen. Fürst Öttingen verkaufte den gesamten Besitz nach dem Zweiten Weltkrieg an den Konsul Hetzel aus Nürnberg, der wiederum den Gutsbetrieb 1962 an die Bayerische Landessiedlung verkaufte, aber das Schloss behielt und als Wochenendwohnsitz nutzte. Schlossgut und Landwirtschaftsbetrieb wurden dadurch getrennt. Nach einem Großbrand 1979 wurde Schloss

Schloss Kreuth, Heideck

Kreuth wiederaufgebaut und renoviert und in der Ökonomie ein Hotel mit Reiterhof eröffnet.

Schloss Heilgersdorf

96145 Heilgersdorf/Seßlach

Landkreis Coburg

Das 1705 für die Familie von Lichtenstein vollendete Schloss steht südwestlich von Coburg an der Kreisgrenze zu Haßberge. Es ist eine bemerkenswerte, zweigeschossige, dreiflügelige Anlage mit einem tiefen Ehrenhof, den eine dreiarkadige Loggia abschließt. Darauf befinden sich kräftige Baluster, ebenso auf der Estrade vor dem Schloss. Es ist ein in Franken sonst nicht bekannter Bautyp, der Joseph Greising zugeschrieben wird. Heute befinden sich im Schloss Wohnungen und Vereinsräume.

Schloss Greifenstein

91332 Heiligenstadt i. OFr.

Landkreis Bamberg

In beherrschender Lage, nördlich von Heiligenstadt, liegt das im 17. Jahrhundert errichtete Schloss. Doch schon 1172 wird hier eine im Besitz der Schlüsselberg, Wolfsberg und Streitberg befindliche Burg erwähnt.

Schloss Heilgersdorf

1690 geht die Anlage an Bamberg, und Fürstbischof Marquard Sebastian Schenk von Stauffenberg wird damit belehnt. Das Schloss ist im Kern mittelalterlich. Seine äußere Erscheinung wurde nach Plänen von Leonhard Dientzenhofer 1683 bis 1693 gestaltet. Es ist eine fast rechteckige Anlage um zwei Höfe. Der Burghof mit einem Vorhof mit mächtigem Viereckturm ist allseitig mit einem Bergfried mit zwei Rundtürmen umgeben. Mainzer Bergleute gruben einen 92 Meter tiefen, heute beleuchteten Brunnen. Im Innern des Schlosses finden sich Stuckdecken mit Wappen des Fürstbischofs von Johann Jakob Vogel. Auch eine reichhaltige Waffensammlung vom Mittelalter bis

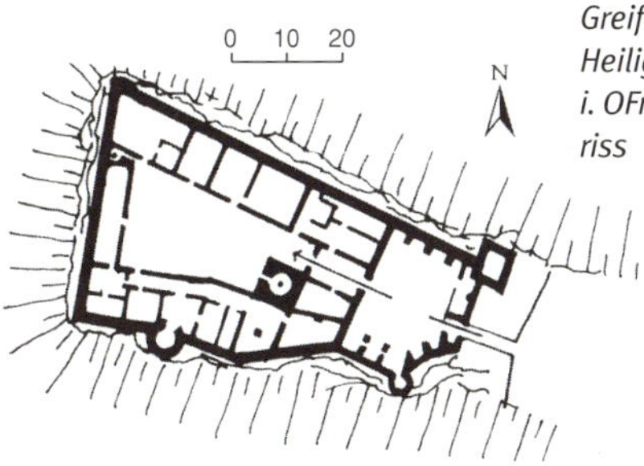

Schloss Greifenstein, Heiligenstadt i. OFr.

Schloss Greifenstein, Heiligenstadt i. OFr., Grundriss

Schloss Greifenstein, Heiligenstadt i. OFr.

zur Neuzeit sowie eine große Geweihsammlung mit einmaligen Trophäen und antikes Mobiliar birgt das Schloss. Der französische Park mit Pavillon vom Anfang des 18. Jahrhunderts und einer romantischen Ruine von 1820/21 wurde später umgestaltet.

Schloss Hemhofen

91334 Hemhofen
Landkreis Erlangen-Höchstadt

Die stattliche Barockanlage von Hemhofen liegt zwischen den Ausläufern des Steigerwaldes und der Fränkischen Schweiz, westlich von Forchheim in Richtung Höchstadt. Ein Ulrich Winkler lebte bereits 1156 bei Nürnberg in gehobener Stellung und besaß den sogenannten „Edelmannshof und seine Zugehörung“ unweit Forchheim. Seit 1722 befindet sich das „Reichs-Freye-Ritterguth Hemhofen“ im Besitz der Familie Winkler von Mohrenfels, dessen Geheimer Rat zu Nürnberg, Wolf Georg Christoph Winkler von Mohren-

Schloss Hemhofen

Schloss Thurn, Heroldsbach

fels, 1724 die barocke Schlossanlage vollendete. Der zweigeschossige Steinbau mit Walmdach liegt in einem großen, rechtwinklig ummauerten Areal und hat zweiachsige Mittelrisalite mit einem halbrund schließenden Zwerchgiebel und rustizierte Ecklisenen. Ein schlichtes, zweisäuliges Portal mit einer kleinen Freitreppe führt in das Innere. In einem der zugehörigen Ökonomiegebäuden befindet sich ein Landgut mit ökologischen Lebensmitteln und Wild. Die Familie Winkler beliefert seit 1992 mit ihren Produkten der „Abokiste" Privathaushalte. Am letzten Sonntag in den Sommerferien findet ein Hoffest mit einer Besichtigung des gesamten Betriebsbereiches statt. Das Schloss steht jedoch leer.

Schloss Thurn

91336 Heroldsbach
Landkreis Forchheim

Im Jahre 1422 wurde der Besitz südwestlich von Forchheim erstmals urkundlich erwähnt. Zu dieser Zeit stand der Turm des Schlosses. Die geistlichen Brüder Freiherrn Horneck von Weinheim, im Dienste des Fürstbischofs von Bamberg stehend, erwarben 1747 den Turm und Stallungen der heutigen Südflügel. Zehn Jahre dauerte es, bis das Schloss mit seinen Anbauten in der heutigen Form endgültig fertiggestellt war. Das Familienunternehmen „Erlebnispark Schloss Thurn" wurde 1975 mit einem Damwildgehege und Märchenwald von Hannfried Graf Bentzel ins Leben gerufen und ständig wurden neue Ideen für Shows und Fahrgeschäfte im Park verwirklicht. Bei den Spaziergängen kann man den alten seltenen Baumbestand bewundern und die Räumlichkeiten des Schlosses stehen nach Anmeldung für Feste und Events offen.

Pflegschloss

91217 Hersbruck

Landkreis Nürnberger Land

Die große Anlage steht nahe dem Zentrum der Kleinstadt, die östlich von Lauf an der Pegnitz zu erreichen ist. Bereits vor 1000 wurde eine Burg errichtet. Seit 1268 befand sich Hersbruck im Besitz der Wittelsbacher. Um 1517 erfolgte ein Neubau für den Pfleger der Reichsstadt Nürnberg. Der Nürnberger Stadtbaumeister Jakob Wolff der Jüngere gestaltete das Schloss 1616 bis 1621 um und erweiterte es durch Türme und Seitenflügel, sodass es in die Stadtbefestigung einbezogen wurde. Die feineren Steinmetzarbeiten am Portal und Giebel stammen vom Nürnberger Niklas Teufel. Die zweistöckige Dreiflügelanlage in Hufeisenform mit Satteldächern und hohen Giebeln ist von Zwinger und Graben umgeben. Die ursprüngliche Raumaufteilung im Erdgeschoss blieb weitgehend erhalten und besitzt schöne Stuckdecken aus dem 17. bis 19. Jahrhundert. Im Obergeschoss des Haupttraktes befinden sich drei Räume mit Kassetteneinteilung, Fruchtgehängen, Kriegstrophäen und Tieren, die wohl

Pflegschloss, Hersbruck

um das Jahr 1620, wahrscheinlich von Hans und Heinrich Kuhn, gefertigt wurden. Nach 1806 war das Schloss Sitz verschiedener bayerischer Behörden mit einer Frohnveste. Heute dient das Anwesen als Sitz des Amtsgerichtes.

Schloss Herzogenaurach

91074 Herzogenaurach

Landkreis Erlangen-Höchstadt

Westlich von Erlangen, im Zentrum der Stadt Herzogenaurach, liegt das ehemalige Bamberger Amtshaus. Im Kern geht es auf das 13. Jahrhundert zurück und war ursprünglich eine quadratische Anlage mit Mauer, Graben und Bergfried, der 1720 eingelegt wurde. Es erfolgte 1712 ein durchgreifender Umbau zur barocken, dreigeschossigen Zweiflügelanlage unter der Leitung des Jesuitenpaters Nikolaus Loyson im Auftrage Fürstbischofs Lothar Franz von Schönborn. Das Schloss diente den Herzogenauracher Amtmännern als Wohnsitz und Verwaltungszentrum, in dem heute die Stadtverwaltung, städtische Bibliothek und Mediothek untergebracht sind. Im Kulturamt und der Touristinformation im Erdgeschoss kann man sich Auskünfte einholen.

Schloss Herzogenaurach

Burg Hilpoltstein

91161 Hilpoltstein

Landkreis Roth

Südöstlich von Roth gelegen erhebt sich auf einem Felsen über der mittelalterlichen Stadt Hilpoltstein die Burg, das Wahrzeichen des Ortes. Sie ist eine Anlage des 13./14. Jahrhunderts über einem Vorgängerbau des 12. Jahrhunderts, die dem König gehörte und somit eine Reichsburg war. Später zogen die Her-

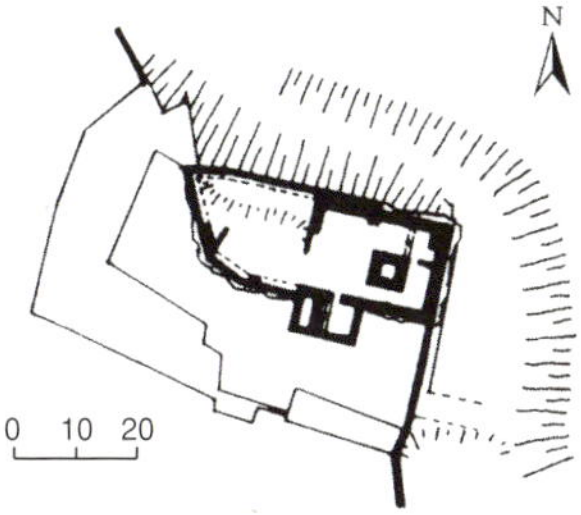

Burg Hilpoltstein, Grundriss

ren von Stein, ein reichsfreies Rittergeschlecht, das Mitte des 13. Jahrhunderts zu den höchsten adeligen Kreisen gehörte, mit Heinrich von Stein in die Burg ein. Seinen Amtssitz hatte er in Nürnberg. Ebenso wie er waren auch seine Nachkommen Hiltpolt I. bis IV. Reichsministeriale, nach deren Aussterben die Stadt Stein im Gedenken an die Burgherren Hilpoltstein genannt wurde. Als die Wittelsbacher Bayernherzöge hier die Herrschaft erwarben, wurde 1386 der Ort ebenfalls bayerisch und im Jahre 1505 kam Hilpoltstein zum neu gegründeten Fürstentum Pfalz-Neuburg. Als Pfalzgraf Ottheinrich I. in Geldnöte geriet, verpfändete er Hilpoltstein an die Freie Reichsstadt Nürnberg. Seine Frau, Pfalzgräfin Dorothea-Maria, nahm nach dem Tode ihres Gemahls 1606 mit ihren drei Töchtern die Burg als Witwensitz und ließ sie zu einem modernen Wohnschloss mit schönen Kachelöfen, neuen Zimmern und Treppenturm umbauen. Im Ostteil der Anlage befindet sich der Burghof mit dem quadratischen Bergfried. Die großen Gartenanlagen blieben nicht erhalten. Als 1879 die Stadt die Anlage erwarb, stoppte sie den Verfall der Hauptburg. Mit der Kreisgebietsreform 1972 ging die Burg an den Landkreis und wurde aufwändig saniert. Vom 22 Meter hohen Bergfried hat man einen herrlichen Blick über die schöne fränkische Landschaft bis zum Main-Donau-Kanal und zum Rothsee.

Burg Hilpoltstein

Schloss Bettenburg

97461 Hofheim i. UFr.

Landkreis Haßberge

Das Schloss steht vier Kilometer nördlich von Hofheim in einer englischen Parkanlage auf dem Haßbergkamm. Das Bergschloss kam als Reichslehen im 11./12. Jahrhundert an das Bistum Bamberg, worauf es 1249 die Grafen von Andechs-Meran an Hermann von Henneberg verpfändeten,

Schloss Bettenburg, Hofheim i. UFr.

und 1343 fiel es an das Ministerialgeschlecht Truchseß von Wetzhausen. Nach der Zerstörung im Bauernkrieg entstand schon 1525 die heutige Anlage im Stile der Gotik und Renaissance. Das Schloss wurde unter Christian von Truchseß zum Treffpunkt eines literarisch interessierten Kreises. Bis zum Jahre 1976 war es Hotel und heute ist es Rehabilitationszentrum für Drogenkranke. Zum Tag der offenen Tür kann das Schloss besichtigt werden.

Burg Hohenberg

95691 Hohenberg a. d. Eger
Landkreis Wunsiedel

Im Jahre 1222 wird die unmittelbar an der tschechischen Grenze zu Cheb stehende Burg erstmals erwähnt und zählt heute zu den besterhaltenen Burganlagen in Franken. Sie ging 1285 als Reichslehen an den Burggrafen von Nürnberg und gehörte seitdem zur Markgrafschaft Bayreuth. Der Bering mit seinen Rundtürmen ist gut erhalten geblieben. An der Südseite befindet sich der Fürstenbau von 1666 und im Hof ein romanischer Taufstein aus der zweiten Hälfte des 12. Jahrhunderts sowie vier barocke Freiungssäulen. Zum Ende des Zweiten Weltkrieges wurde die Anlage stark beschädigt, doch weitgehend wiederhergestellt. Heute ist in der Burg Hohenberg eine ökologische Bildungsstätte mit Seminar- und

Burg Hohenberg, Hohenberg a. d. Eger, Wehrgang

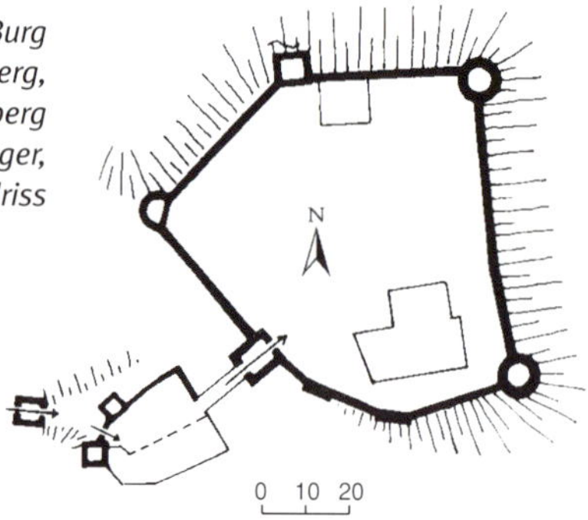

Burg Hohenberg, Hohenberg a. d. Eger, Grundriss

Tagungsräumen, Grenzlandbildungsstätte des Sudetendeutschen Sozial- und Bildungswerks e.V. sowie Schullandheim und Jugendherberge.

Burg Hohenstein

91241 Hohenstein/ Kirchsittenbach

Landkreis Nürnberger Land

Auf einem steil aufstrebenden Dolomitfelsen thront weithin sichtbar die Burg. Sie ist der höchste bewohnte Ort Mittelfrankens nordöstlich von Schnaittach. Erstmals wird hier 1161 eine Burg erwähnt. Sie war Verwaltungs- und Vogtsitz mächtiger Herren, zu denen wohl auch die Grafen von Sulz-

Burg Hohenstein

bach zählten. Nach den Hohenstaufern werden 1266 die Wittelsbacher Bayernherzöge Burgherren auf Hohenstein. 1505 wird die Burg an die Reichsstadt Nürnberg verkauft, doch 1533 durch Albrecht Alcibiades im Zweiten Markgräflerkrieg weitgehend zerstört und im 17. Jahrhundert wiederaufgebaut. Bis 1806 wurde auf der Burg ein Pflegamt behauptet. Nachdem sie an Bayern ging, wurden 1814 größere Teile abgebrochen, darunter auch der Bergfried. Erste Sanierungsarbeiten wurden ab 1840 durchgeführt und die Burgkapelle 1901 erneuert. Die Anlage kann selbstständig besichtigt werden.

Schloss Lichtenstein

97258 Ippesheim

Landkreis Neustadt an der Aisch-Bad Windsheim

Ippesheim liegt unmittelbar am Naturpark Steigerwald, nördlich von Uffenheim. Das Erbgut der Eva von Hutten wird erstmals erwähnt, als sie 1559 Veit von Lichtenstein heiratet. Nachdem im Dreißigjährigen Krieg 1634 das Anwesen total ausgebrannt war, errichtete um 1753 nach einem Plan des markgräflichen Bauamtes Johann Philipp Friedrich von Hutten das heute noch bestehende Schloss. Gebaut wurde es vom Steinmetz und Maurermeister Johann Peter Bauer aus Ippesheim und dem Zimmermeister Georg Christian Lang aus Uffenheim. Baron Friedrich von Poellnitz kaufte 1863 das Schloss und ließ 1865 den Pferdestall errichten, der auch als Kutscherwohnung und Remise diente. Von dieser Herrschaft befindet sich ein Familienwappen der Poellnitz/Champbell über dem Portal des Schlosses. Im Jahre 1898 erwirbt die Gemeinde das Anwesen und richtet 1900 hier eine Schule ein. 1973 wird diese aus dem Schloss genommen und 1975 das Rathaus mit Kindergarten untergebracht, Restaurant und Museum ab 1982.

Schloss Lichtenstein, Ippesheim

Ipsheim

Burg Hoheneck

91472 Ipsheim

Landkreis Neustadt an der Aisch-Bad Windsheim

Burg Hoheneck liegt zwischen Neustadt an der Aisch und Bad Windsheim und ist auf einer Bergnase stehend weithin sichtbar. Erwähnt wird sie erstmals 1132 und befand sich seit dem 13. Jahrhundert im Eigentum der Nürnberger Burggrafen. Im Jahre 1461 und nochmals 1553 zerstört, wurde die Burg 1664 wieder instand gesetzt. 1866 wurde sie zur Hälfte auf Abbruch verkauft, doch 1920 und 1936 erfolgte ein Ausbau. Zum Kriegsende 1945 erlitt die Anlage Beschädigungen. Die Bauten gruppieren sich um einen unregelmäßigen Hof, und die damaligen Baulücken wurden modern geschlossen. Teile der Zwinger- und Grabenanlage sind noch vom alten Bestand. Das Brunnenhaus ist aus dem 16. Jahrhundert. Heute befindet sich in der Burg eine Jugendbildungsstätte, die für die Öffentlichkeit nicht zugänglich ist.

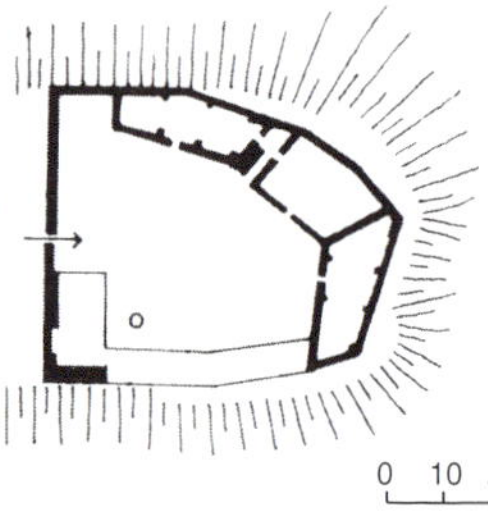

Burg Hoheneck, Ipsheim, Grundriss

Burg Hoheneck, Ipsheim

Wasserschloss, Irmelshausen

Wasserschloss

97633 Irmelshausen/Höchheim
Landkreis Rhön-Grabfeld

Im Talgrund der Milz, im Grenzland zwischen Bayern und Thüringen, 9 km nördlich von Bad Königshofen, steht eine Kostbarkeit Unterfrankens. Schon im Jahre 783 wurde „Irminolteshusum" als Besitz einer Äbtissin aus fränkischem Adel des Klosters Milz genannt, 1314 als „Castrum" urkundlich erwähnt. Es ist eines der schönsten und besterhaltenen Wasserschlösser Frankens. Es war im 11. Jahrhundert die Burg der Grafen von Henneberg, die 1376 durch den Fürstbischof von Würzburg an die Freiherren von Bibra verpfändet wurde. Die Anlage, die von 1556 bis 1561 zur Dreiflügelanlage ausgebaut wurde, ist nie zerstört worden. In dieser Zeit fügte Hans von Bibra mit drei weiteren Flügeln den „Hansenbau" an. Um 1700 ersetzte man die hölzerne Brücke durch eine steinerne Bogenbrücke über den See. Der nach außen unscheinbare Hansenbau ist im Inneren anspruchsvoll mit Kamin und Portal sowie der „Wilde-Tier-Stube" mit Gobelinimitationen aus dem späten 17. Jahrhundert ausgestattet. Noch heute ist das Wasserschloss im Besitz der Freiherren von Bibra-Irmelshausen.

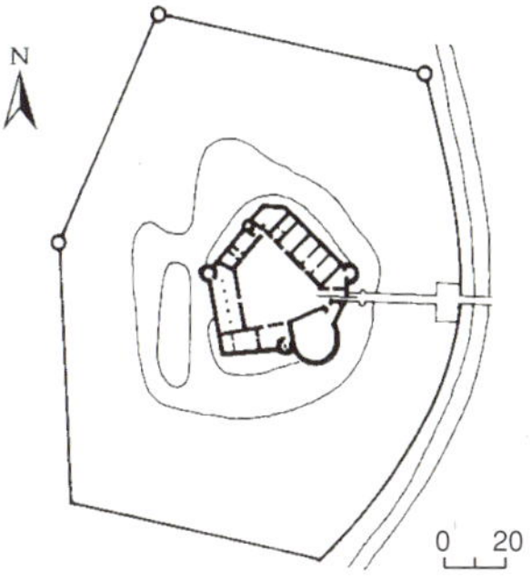

Wasserschloss, Irmelshausen, Grundriss

Schloss Issigau

95188 Issigau

Landkreis Hof

Nordwestlich von Hof, nahe der thüringischen Landesgrenze zu Bad Lobenstein, ist Issigau zu finden. Das am Ortsrand liegende Schloss ist ein Walmdachbau aus dem 16. Jahrhundert und wurde um 1750 erneuert. Eine hier gelegene ehemalige Burg wurde erstmals 1398 urkundlich erwähnt und gehörte den Herren von Reitzenstein zu Reitzenstein. Mehrfach angegriffen und belagert, wurde die Burg im Dreißigjährigen Krieg von König Gustav Adolf von Schweden erobert und zerstört. Im Jahre 1750 entstand sie als Lustschloss neu. Im Laufe der Jahrzehnte wechselte das Schloss häufig den Besitzer. Im Jahre 1919 kaufte der Fabrikdirektor Karl Schmidt aus Weischlitz das Schloss und später ging es an dessen Erben. Die Familie Wolfgang Braitmaier aus Nürnberg erwarb die stark sanierungsbedürftige Anlage und eröffnete einen Campingplatz mit Restaurant, Zimmern und Ferienwohnungen.

Schloss Issigau

Schloss Kalchreuth

90562 Kalchreuth

Landkreis Erlangen-Höchstadt

Südöstlich von Erlangen ist das mitten in Kalchreuth stehende und erstmals urkundlich im Jahre 1298 als ein der Nürnberger Burghut unterstelltes Kaiserliches Eigentum erwähnte Schloss zu finden. Es wurde im genannten Jahr den Burggrafen von Nürnberg zum Lehen gegeben. Ein Wappen verweist auf die Erbauung um 1313. Der Nürnberger Ratsherr Ulrich Haller kaufte 1342 von den Burggrafen einen Teil der Kalchreuther Lehensgüter, darunter das Dorf und Schloss. Als sich 1507 Albrecht Dürer hier aufhielt, malte er vom Schloss aus die „Kalkreuter" Aquarelle. Im Jahre 1560 errichteten die Haller, die bis 1850 in Kalchreuth sesshaft waren, auf den Grundmauern des Wasserschlosses den heutigen Querbau, auf den im 18. Jahrhundert das Mansarddach aufgesetzt wurde. Der schöne Chorraum der St.-Andreas-Kirche wurde ebenfalls von den ehemaligen Schlossherren geschaffen. Nachdem das Schloss 1850 in bürgerlichen Besitz übergegangen war, eröffnete Wilhelm Schenk, ein Nürnberger Schlosser, um 1900 eine Gaststätte im Schloss. Die hier ansässige Gastwirtsfamilie Böhm übernahm 1928 das Schloss und führte den Gaststättenbetrieb weiter. Seit 1968 wird die Schlossgaststätte von der Familie Scheer betrieben.

Oben: Schloss Kalchreuth

Unten: Guttenberg'sches Wasserschloss, Kirchlauter

Guttenberg'sches Wasserschloss

96166 Kirchlauter

Landkreis Haßberge

Die Herren von Füllbach und die Fuchs von Schweinshaupten, deren Wasserburg am Südhang des Haßwaldes zwischen Eltmann und Ebern lag, waren im 15. Jahrhundert Besitzer des Dorfes. Das Hochstift Würzburg belehnte 1511 die Freiherren von Guttenberg mit Kirchlauter, und Johann Gottfried II. von Guttenberg, Fürstbischof von Würzburg und Herzog von Franken, ließ sich 1689 von Heinrich Zimmer, einem Schüler von Petrini, an der Stelle der mittelalterlichen Wasserburg das zweiflügelige, hochbarocke, auf 1200 Eichenstämmen stehende Schloss erbauen. Dieses wird durch schöne Volutengiebel geziert und ist noch heute teilweise durch einen Wassergraben umgeben, über den eine steinerne Brücke zum Portal führt. Der Ahnensaal wurde von den Bamberger Gebrüdern Vogel gestaltet. Das Schloss ist im Besitz des Grafen von Stauffenberg und nicht zugänglich.

Schloss Kirchschletten

96199 Kirchschletten/
Markt Zapfendorf
Landkreis Bamberg

Nordwestlich von Scheßlitz wird 1143 ein Gutshof bezeichnet, der im Besitz der Fürstbischöfe von Bamberg war. Im Jahre 1697 entsteht ein sogenanntes Schloss als lang gestreckter Walmdachbau. 1953 erwarben die Benediktinerinnen vom Abt Emmanuel Heufelder von Niederaltaich das ehemalige Schloss und 1973 wurde das Priorat Maria Frieden vom Heiligen Stuhl zur Abtei erhoben. Hier wird Menschen auf der Suche nach Erholung die Möglichkeit zur Meditation, Gebeten und Besinnung gegeben. Vorwiegend an den Wochenenden finden hier Tagungen und Kurse statt. Schwestern betreiben ökologischen Anbau zur Verpflegung der Gäste und eine Kerzenwerkstatt.

Schloss Kirchschletten

Schloss Kirchschönbach

97357 Kirchschönbach/
Stadt Prichsenstadt
Landkreis Kitzingen

Die Grafen zu Castell besaßen noch vor dem 13. Jahrhundert Kirchschönbach als Würzburger Lehen. Nach 1306 ging es für ein Jahrhundert in den Besitz des Klosters Ebrach über und wechselte darauf mehrfach die Besitzer, zu denen Echter von Mespelbrunn und die Freiherrn von Guttenberg zählten. Von Letzteren wurde das heutige Schloss Ende des 17. Jahrhunderts erbaut, worauf es 1789 Fürstbischof Franz Ludwig von Erthal für das Hochstift Würzburg erwarb. 1803 unter die Säkularisation gefallen, wurde das Schloss als Forstamt genutzt und hatte wechselnde Besitzer, bis 1874 Graf Friedrich von Schönborn das Schloss kaufte. 1923 übernahmen testamentarisch die Zeller Schwestern das Anwesen von Gräfin Julie. Der zweigeschossige Barockbau von A. Petrini weist beachtliche Stuckaturen aus der Bauzeit auf und besitzt ein prächtiges Wappen der Schönborn. Das von einem gepflegten Park umgebene Schloss war zuerst Mädchenfürsorgeheim und ist nun ein Altenheim der Franziskanerinnen, in dem gelegentlich Konzerte gegeben werden.

Schloss Kirchschönbach

Fürstlich-Löwenstein'sches Schloss

63924 Kleinheubach

Landkreis Miltenberg

Wenige Kilometer nordwestlich von Miltenberg steht in Kleinheubach das Fürstlich-Löwenstein'sche Schloss in einer weitläufigen Parkanlage. Erstmals genannt wurde der Sitz 1247, um die Zeit, als es pfälzisches Lehen der Grafen von Rieneck war, die hier die Reformation einführten. Nach dem Aussterben der von Rieneck ging der Besitz an die Schenken von Erbach. Diese bauten 1597 die Georgenburg und verkauften den Besitz im Jahre 1721 an die katholische Linie der Fürsten zu Löwenstein-Wertheim. Dem Fürstengeschlecht wurde die alte Georgenburg bald zu klein. So entschloss sich Fürst Dominik Marquard, von 1723 bis 1732 von den Baumeistern Louis Rémy de la Fosse und Johannes Dientzenhofer einen Neubau als hufeisenförmige Anlage mit Ehrenhof und einem Mittelrisalit errichten zu lassen. Es entstand eine breit angelegte Dreiflügelanlage mit Haupt- und Eckpavillons. In der klassischen Gliederung des Hauptpavillons tritt der französische Anteil von de la Fosse am deutlichsten in

Fürstlich-Löwenstein'sches Schloss, Kleinheubach

Erscheinung. Jakob van der Auvera gestaltete die Bauplastik. Im Hauptpavillon über dem Vestibül liegt der Hauptsaal und im Südwestpavillon befindet sich die Schlosskapelle. Der Marmorsaal wurde 1728/29 dekoriert, wovon die Stuckarbeiten Johann Wicke und die Gemälde Ambrosius Reith zugeschrieben werden. Die barocke Ausstattung ist zum Teil noch im Gobelinzimmer erhalten geblieben. Die Mehrzahl der Räume wurde Ende des 18. und Anfang des 19. Jahrhunderts klassizistisch umgestaltet und die Schlosskapelle von 1870/71 nach Entwürfen von Eduard Steinles neuromanisch umdekoriert. Die riesige, zum Schloss gehörige Parkanlage im englischen Stil reicht bis an den Main. Seit 2005 werden Tagungen und kulturelle Veranstaltungen im renovierten Schloss organisiert.

Clingenburg und Stadtschloss

63911 Klingenberg am Main
Landkreis Miltenberg

Am nördlichen Ausgang der Stadt Klingenberg erhebt sich an einem Felsen die Ruine der **Clingenburg** und unweit darunter das kleine Schloss.

Die Burg wurde im 12. Jahrhundert von den Schenken von Klingenberg angelegt. 1260 gehörte sie den Herren von Bickenbach und 1469 ging sie an die Grafen Hanau-Lichtenberg. Die Clingenburg wurde im Jahre 1683 von den Franzosen zerstört und ist seitdem Ruine. Die erhaltenen Teile stammen fast alle aus dem 15. Jahrhundert. Der Burgbering schließt sich im Norden und Süden an die Stadtmauer an. Der Wohnbau auf der Terrasse ist

nach Westen und Süden von einem Zwinger geschützt und an der Südostecke stehen die Reste des Bergfrieds. Heute genießen Besucher den wunderschönen Ausblick bei gastronomischer Betreuung auf die „Rotweinstadt“ oder können den Clingenburg-Festspielen beiwohnen.
Das **Schloss** liegt unterhalb der Burganlage im nördlichen Stadtbereich und befindet sich im Privatbesitz. Hans Leonhard Kottwitz von Aulenbach hat 1558 mit dem Bau begonnen, der ab 1675 im Besitz der Freiherren von Mairhofen war. Es ist ein beachtenswerter dreigeschossiger Renaissancebau mit einer zweiläufigen Treppe zum Hof. Darüber befindet sich ein kleiner Erker mit der Hauskapelle.

Stadtschloss, Klingenberg am Main

Clingenburg, Klingenberg am Main

Burgruine Königsberg

97486 Königsberg i. Bayern
Landkreis Haßberge

In schöner landschaftlicher Lage nahe der thüringischen Grenze und nördlich von Haßfurt liegt die Kleinstadt Königsberg in Bayern. Hier gab es schon im 8. Jahrhundert einen Königshof der Karolinger. Auf Geheiß des Staufers Friedrich Barbarossa ließ man zwischen 1168 und 1180 auf dem „Königsberg" zum Schutz eine Reichsburg anlegen, die später als Lehen an die Grafen von Andechs ging. Nachdem diese in Ungnade gefallen waren, regierten hier Verwaltungsbeamte. Zahlreiche Besitzer wechselten dann auf der Burg, zu denen das Bistum Bamberg, Grafen von Henneberg und Burggrafen von Nürnberg zählten. Der Herzog von Pommern, das Hochstift Würzburg, der Landgraf zu Thüringen, die Markgrafen zu Meißen und schließlich die Herzöge von Sachsen besaßen ebenfalls die Anlage. Die äußere Ringmauer ist 1490 begonnen worden. Die Umwandlung zum Schloss vollzog sich unter Dorothea-Maria, Herzogin von Sachsen-Weimar. Sie ließ 1614 einen fürstlichen Bau und eine Schlosskapelle errichten. Verhängnisvoll wirkte sich auf Stadt und Burg der Dreißigjährige Krieg aus. Mehrfach wurde die Stadt niedergebrannt und die Bevölkerung litt unter Gewalt und Hunger. Am 5. Juli 1673 ist Friedrich Heinrich, Reichsgraf von Seckendorff, Generalfeldmarschall, Feldzeugmeister und Diplomat, hier geboren und am 23. November 1763 verstarb er in Meuselwitz bei Altenburg. Ein Jahr später benutzte man die Anlage als Steinbruch. Im Jahre

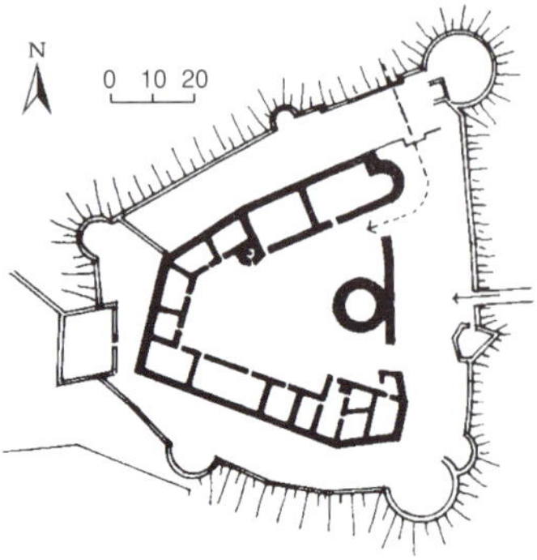

Burg Königsberg, Königsberg i. Bayern, Grundriss

Burg Königsberg, Königsberg i. Bayern

1854 erwarb der Bürgermeister von Königsberg, Franz Ronge, die Ruine und ließ den Aussichtsturm instand setzen. Ab dem Jahre 1898 wurde die Stadt Königsberg Eigentümer. Mit der Gründung der „Schlossberggemeinde" 1921 verpflichtete man sich, den Schlossberg freizulegen, zu erhalten und zu pflegen. Insbesondere seit 1971 wurden in freiwilligen Arbeitseinsätzen umfangreiche Sanierungs- und Erhaltungsmaßnahmen durchgeführt. Heute genießen viele Besucher diese romantische Stätte.

Schloss Kornburg

Schloss Kornburg

90455 Kornburg/Nürnberg

Südlich von Nürnberg und östlich von Schwabach liegt Kornburg. Bereits 1265 wurde ein Cunradus von Churnburg in einem Kaufbrief des Nürnberger Burggrafen erwähnt und 1347 bestätigte Kaiser Karl IV. Heinrich von Kornburg den Lehensbesitz. Die Wasserburg wurde wahrscheinlich Ende des 13. Jahrhunderts erbaut. Das ratsfähige Geschlecht der Riether übernahm nach den Kurenbergern und den Seckendorf im Jahre 1447 das Schloss und residierte hier über 300 Jahre. Nach dem Dreißigjährigen Krieg wurde die ursprüngliche Burg wiederaufgebaut und mit Barockelementen versehen. Ein durchgreifender Neubau erfolgte 1686. Nachdem 1923 der Verfall eingetreten war, wurde das Schloss als hufeisenförmige Anlage mit Zugang der durch den Bergfried gedeckten Südostseite im ursprünglichen Bestand wiederhergestellt. Im Schloss werden heute Ferienwohnungen durch die Besitzer vermietet.

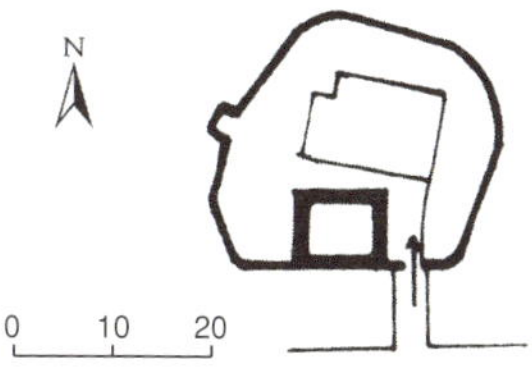

Schloss Kornburg, Grundriss

Schloss Kreuzwertheim
97892 Kreuzwertheim
Landkreis Main-Spessart

Der Main trennt Wertheim im baden-württembergischen von Kreuzwertheim im bayerischen Land. Schon im frühen 12. Jahrhundert nannte sich hier ein Zweig des Adelsgeschlechts der Reginbodonen nach Wertheim, die auf der linken Mainseite eine Wehranlage errichten ließen. Das Schloss wurde für Reichsgräfin Sophie von Löwenstein 1736 erbaut und im späten 19. Jahrhundert in Renaissanceformen verändert. 1806 wurde das ehemalige Amt des Grafen Löwenstein-Wertheim zugunsten des Fürstentums Aschaffenburg, des Fürstprimas von Dalberg, der Landeshoheit unterworfen und ging 1814 an Bayern. Die ursprüngliche Anordnung des langen Flügelbaus mit seinen drei Pavillons an der Gartenseite und die Raumeinteilung des Schlosses sind noch erkennbar. Heute wohnt hier Erbprinz zu Löwenstein.

Schloss Kreuzwertheim

Festung Rosenberg
96317 Kronach
Landkreis Kronach

Die Festung über der Kreisstadt am Südhang des Frankenwaldes war einst ein Vorposten des Bistums Bamberg. Sie wurde 1249 als Burg Rosenberg erstmals erwähnt. Die ehemalige bambergische Bischofsburg und Landesfestung ist eine der größten und besterhaltenen Festungsanlagen Europas. Gegen Ende des 13. Jahrhunderts wurde der noch heute stehende Bergfried (Rosenturm) erbaut. Die Fürstbischöfe Georg von Schaumberg und Philipp von Henneberg befestigten von 1459 bis 1487 mit Mauerringen, tiefen Gräben und Artillerietürmen die Anlage. Auch der Bamberger Fürstbischof Veit II. verschrieb sich dem Bau und begann mit Plänen für ein vierflügeliges Renaissanceschloss ab 1564 bis 1575 mit dem Baumeister Daniel Engelhardt. Rege Bautätigkeit vollzog sich auch unter Ernst von Mengersdorf

Festung Rosenberg, Kronach

und Johann Philipp von Gebsattel, die ein Zeughaus und einen Wohnflügel errichteten. Die durchdachte und klug ausgeführte Bautätigkeit zahlte sich aus, als die Burg allen Belagerungen im Dreißigjährigen Krieg standhielt. Unter Fürstbischof Lothar Franz von Schönborn wurde die klassische Form des Fünfecks durch die vom Baumeister Julius Mondalto geplante Bastion erreicht, die durch Valentin Voit von Rieneck 1656 begonnen und 1689 vollendet war. Als die Festung 1867 aufgegeben wurde, kaufte sie die Stadt für 32 000 Goldmark. In den beiden Weltkriegen fungierte die Festung als Kriegs- und Flüchtlingslager, deren bekanntester Gefangener der spätere französische Staatspräsident General Charles de Gaulle war. Später bekam die Anlage drei Museen sowie eine Kulisse für Theateraufführungen. In der Jugendherberge, die gesonderte Programme anbietet, kann man im Schneewittchenzimmer oder im Falkennest wohnen.

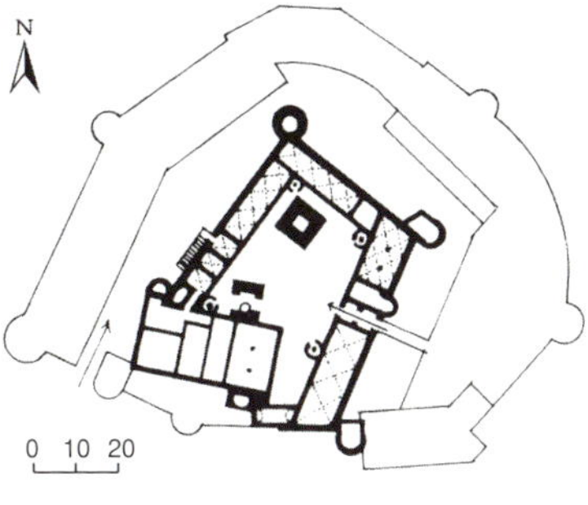

Festung Rosenberg, Kronach, Grundriss

Plassenburg

95326 Kulmbach

Landkreis Kulmbach

Eine der einst wichtigsten Burgen des deutschen Mittelalters steht in Kulmbach auf einem Bergrücken über der Flussaue des Weißen Mains. Die Plassenburg wurde erstmals 1135 erwähnt, von den Grafen von Dießen-Andechs gegründet und von Bertold II. begonnen. Von 1338 bis 1791 war die Burg im Besitz der Burggrafen von Nürnberg und späteren Markgrafen aus dem Hause Hohenzollern, die hier bis 1806 geherrscht haben. Der Ausbau zur Festung begann ab 1530 und 1561 beauftragte Georg Friedrich, Markgraf von Ansbach und Kulmbach, Caspar Vischer mit dem Bau einer Vierflügelanlage. Der Geschmack deutscher Fürstenhöfe zeigt sich am schönen Arkadenhof mit dichtem Reliefdekor. Von 1791 bis 1810 regierten mit dem Erlöschen der fränkischen Linie die preußischen Könige. Nachdem Napole-

Plassenburg, Kulmbach

on 1806 die Festungswerke zerstören ließ, wurde 1862 ein Zucht- und Arbeitshaus eingerichtet. 1928 ging die Plassenburg an die Bayerische Schlösserverwaltung. Insgesamt beherbergt die Anlage vier museale Einrichtungen: Das Museum „Die Hohenzollern in Franken“, das Armeemuseum „Friedrich der Große“, das Deutsche Zinnfigurenmuseum und das Landschaftsmuseum Obermain.

Plassenburg, Kulmbach, Schöner Hof

Schloss Kunreuth

91358 Kunreuth

Landkreis Forchheim

Die zweiflügelige ehemalige Wasserburg liegt im Ort Kunreuth südöstlich von Forchheim. Sie wurde mit Vorburg, einem Torhaus mit Zwinger und Rundturm errichtet. Die Untergeschosse des heutigen Schlosses stammen wohl aus dem 14. Jahrhundert. Vor 1348 waren die Herren von Egloffstein durch den Bischof von Bamberg mit Kunreuth belehnt worden, die hier eine im 14. Jahrhundert nachgewiesene Wasserburg erbauten. Zur gleichen Zeit begann der Ausbau der kleinen Siedlung zu einem Marktort. Als Sitz der Dorfherrschaft wurde das Schloss gleichzeitig Verwaltungs- und Gerichtssitz und bestimmte über Jahrhunderte die Entwicklung des Dorfes. 1525 brannte das Schloss ab und nach dem Wiederaufbau kam es schon 1543 erneut zur Katastrophe. Im Jahre 1553 zerstörte im Zweiten Markgräflerkrieg Markgraf Albrecht Alcibiades von Brandenburg-Kulmbach das Schloss und brannte das Dorf nieder, welches seinem Gegner Claus von Egloffstein, Oberamtmann und Schultheiß von Forchheim, gehörte. Der Markgraf ließ die 39 Schlossbewohner im Garten erhängen. Das Schloss wurde in den folgenden Jahren wiederaufgebaut

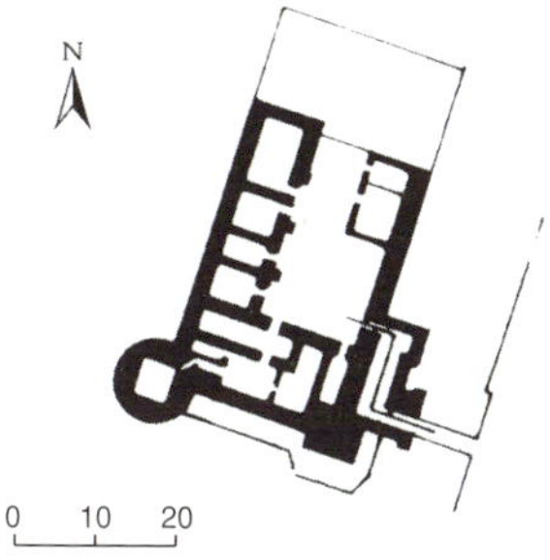

Schloss Kunreuth, Grundriss

Schloss Kunreuth

und umgestaltet. 1557 wurde es Gemeinhaus der Linien der Freiherren von und zu Egloffstein und Sitz eines Kastenamtes. Nachdem Kunreuth 1806 zum Königreich Bayern kam, ging es 1848 zur Unterstellung an das Landgericht Forchheim. Bis heute befindet sich das Schloss im Familienbesitz und beherbergt Wohnungen sowie Büros.

Schloss Laudenbach

Schloss Laudenbach

63925 Laudenbach

Landkreis Miltenberg

Das heute in Laudenbach stehende Schloss, ehemaliger Besitz der Grafen von Rieneck, wurde urkundlich 1315 erstmals erwähnt und liegt auf halber Strecke zwischen den Städten Klingenberg am Main und Miltenberg. Im gleichen Jahr kaufte Götz von Fechenbach den Besitz. Das dreiflügelige, mit Treppengiebeln und Treppenturm errichtete Schloss ist ein Bau aus dem 18. Jahrhundert. Auf der Hofseite befindet sich ein kunstvolles Portal und im Nebengebäude die Schlosskapelle. Letztere verfügt über einen schönen Rokokoaltar. Zum Schlossbereich gehört ein großer Park im englischen Stil mit einem Gartenpavillon aus dem Jahre 1748. Bis vor wenigen Jahren war das Schloss als Museum mit Möbeln, Gemälden, Porzellansammlung und Waffen eingerichtet, bis bei einem Einbruch ein Großteil der Exponate gestohlen wurde.

Burg Lauenstein

96337 Lauenstein/ Ludwigsstadt
Landkreis Kronach

Zwischen dem Thüringer- und Frankenwald, auf einem Bergkegel unmittelbar an der Landesgrenze zu Thüringen, steht die mittelalterliche Höhenburg. Urkundlich wird Lauenstein 1138 erstmals erwähnt und vermutlich durch die Grafen von Orlamünde erbaut. Im Jahre 1222 tauchte nachweislich ein Heinrich von Lauenstein auf. Im Zuge der Fehden Mitte des 14. Jahrhunderts wurde die Burg zerstört, die Graf Otto von Orlamünde mit dem sogenannten Orlamünde-Bau wiederherrichten ließ. Der Besitz ging aufgrund von Verschuldung des Orlamünder Geschlechts an die Markgrafen von Brandenburg und 1430 an die Grafen von Gleichen, denen weitere Besitzer

Burg Lauenstein, Oberes Burgtor mit Torturm

folgten. Ein umfassender Umbau zum repräsentativen Burgschloss der Renaissance erfolgte ab 1551 durch Christoph von Thüna. 1791 kam Lauenstein an Preußen und 1803 an Bayern und als das dort eingerichtete Landgericht nach Ludwigstadt verlegt wurde, verfiel die Burg. Es war Dr. Ehrhard Meßmer, der sie 1896 kaufte und mit den Architekten Georg Wolff und Th. Lehmann im Jugendstil und im Stil des Historismus umfassend erneuerte. Um die Burg zu erhalten, richtete er einen Pensionsbetrieb ein und beherbergte prominente Gäste, zu denen der Tenor Willi Wirk, der Dichter Freiherr Ernst von Wolzogen und Joachim Ringelnatz nebst weiteren zählten. Die Bayerische Verwaltung der staatlichen Schlösser, Gärten und Seen sanierte von 1966 bis 1976 die Burg umfangreich, nachdem sie von den Erben Meßmers 1962 an den Freistaat Bayern übergeben worden war, und richtete in den 20 Haupträumen ein Museum ein.

Burg Lauenstein, Grundriss

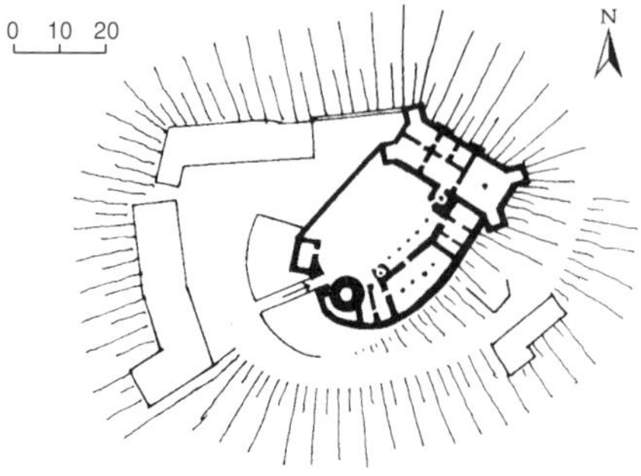

Wenzelschloss

91207 Lauf an der Pegnitz

Landkreis Nürnberger Land

Die einstige Burg der Reichsministerialen von Lauf und die Stadt liegen nordöstlich von Nürnberg. Die Anlage stand bereits im frühen 12. Jahrhundert an dieser Stelle auf der Pegnitz-Insel. Im Jahre 1275 wies man die Wasserburg als Wittelbach'schen Besitz nach. Sie wurde 1301 zerstört. Ludwig der Bayer verpfändete 1322 die Anlage an den Nürnberger Burggrafen Friedrich von Zollern. Kaiser Karl IV. schuf sie 1356 in der heutigen Form als Wegrast an der Goldenen Straße von Nürnberg nach Prag, die nach dem böhmischen Heiligen Wenzelslaus benannt wurde. Von 1504 bis 1806 war das Wenzelschloss Sitz des Nürnberger Landpflegers, des Landgerichtes und des Amtsgerichtes. Es ist eine unregelmäßige Anlage um einen spitz zulaufenden dreieckigen Hof. Im Osten und Norden stehen drei- und viergeschossige Wohngebäude und das gesamte Areal ist ein gutes Beispiel der kaiserlichen Wehrbaukunst des 14. Jahrhunderts. Im ersten Obergeschoss des Nordflügels liegt der ehemalige Kaisersaal. Der berühmte sogenannte Wappensaal befindet sich im Ostflügel, der dem Kaiser vermutlich als

Schlafgemach diente und mit ursprünglich mehr als 116 eingemeißelten Wappen verziert war. Das von der Akademie der Bildenden Künste Nürnberg genutzte Wenzelschloss wurde ab 1985 umfassend renoviert.

Wenzelschloss, Lauf an der Pegnitz

Schloss Leisau

95497 Leisau/Goldkronach
Landkreis Bayreuth

Leisau, nördlich von Bayreuth bei Bad Berneck gelegen, besitzt ein kleines Schloss als schlichten gesockelten Bau mit Walmdach und mit rundem Treppenturm. Erbaut haben das Schloss, das später noch die Herren von Lindenfels und Schönbeck besaßen, Anfang des 17. Jahrhunderts die Herren von Laineck. 1939 wurde es durch Brand stark geschädigt. Der imposante Bau in dem kleinen Ort wurde saniert und befindet sich in Privatbesitz.

Schloss Leisau

Schloss Leuzendorf

97496 Leuzendorf/
Markt Burgpreppach
Landkreis Haßberge

Der nördlich von Königsberg in Bayern bei Burgpreppach gelegene Ort wird 1358 im ältesten Würzburger Lehensbuch erwähnt. Die Herrschaft haben sich 1576 Hans von Leineck und Hans Carl Fuchs geteilt und 1589 belehnte Fürstbischof Julius Echter den Christoph Heinrich von Erthal mit Leuzendorf. Seit 1664 saßen die Erthaler hier, deren Geschlecht nach dem Aussterben 1780 von Lothar Franz aus der Elfershäuser Linie beerbt wurde. Als diese 1805 erlosch, kam der Besitz an die Freiherren von Schrottenberg. 1750 wurde das Schloss verändert, und u. a. die Stuckdecke im Saal geschaffen. Der ursprüngliche Wassergraben um die dreigeschossige Anlage ist nicht mehr vorhanden. Das Schloss und der kleine Park wurden durch die neuen Besitzer liebevoll restauriert und können nur von außen besichtigt werden.

Schloss Leuzendorf

Festung

91586 Lichtenau
Landkreis Ansbach

Die 1246 erstmals urkundlich erwähnte Burg in Lichtenau ist östlich von Ansbach zu finden. Durch Erbgang gelangte 1288 der Besitz der Herren von Dornberg an die von Heideck und 1386 räumt Friedrich von Heideck der Reichsstadt Nürnberg das Öffnungsrecht an seiner Burg ein, die von 1401 bis 1806 in nürnbergischem Besitz war. Sie erfüllte den Zweck als vorgeschobenes Bollwerk der Reichsstadt gegen die Markgrafen von Ansbach. Friedrich von Heideck verkaufte 1406 die Burg und Markt Lichtenau mit allen Zugehörigkeiten an die Reichsstadt, die wiederum 1409 Lichtenau an den Ratsbürger Heinrich Rummel verkaufte. Albrecht Achilles zerstörte 1449 im Ersten Markgrafenkrieg die Feste und hielt sie teilweise bis 1453 besetzt. Auf-

Festung, Lichtenau

grund der eingetretenen Lage verkaufte Franz Rummel der Jüngere Lichtenau mit Grundherrschaft 1442 an die Burkhard Seiler'sche Almosenstiftung. Der Nürnberger Rat übernahm um 1480 den Besitz, richtete 1482 ein eigenes Pflegamt ein und baute die Anlage zu einer Feste für den Verteidigungszustand aus. 1552 zerstörte Markgraf Alcibiades im Zweiten Markgrafenkrieg nach kampfloser Übergabe die Festung vollständig, die nach Plänen von Antoni Vazuni von 1558 bis 1630 im Stile italienisch-holländischer Zitadellen wiederaufgebaut wurde. Während des Dreißigjährigen Krieges 1631 übergab man die Festung an Tilly gegen die Zusicherung freien Abzugs, doch 1633 rückte die Nürnberger Besatzung wieder ein. Im Jahre 1688 wehrte der reichsstädtische Pfleger Johann Friedrich Haller erfolgreich anrückende französische Truppen ab. Eine umfassende Instandsetzung der Basteien erfolgte 1721 und 1806 ging Lichtenau an das Königreich Bayern über, worauf die Festung 1807 Kriminalstrafhaus wurde. Ab 1808 war die Anlage Zuchthaus, das 1862 in eine Gefangenenanstalt umgewandelt wurde. Das Gefängnis wurde 1927 aufgehoben und bis 1932 ein Obsorgeheim für entlassene Strafgefangene eingerichtet. Als Arbeitsdienstlager diente die Festung von 1933 bis 1936 und von 1949 bis 1972 als staatliche Erziehungsanstalt bayrischer Landesjugendhof. Danach wurde eine umfangreiche Baumaßnahme zur Einrichtung als Außenstelle des Staatsarchivs Nürnberg vorgenommen und 1978 der Schlossbau wiederhergestellt. Das frei zugängliche Areal wurde 1983 fertiggestellt.

Stadtschloss

96215 Lichtenfels
Landkreis Lichtenfels

Das 1555/56 von Graf Kaspar von Sternberg errichtete Stadtschloss thront über den Häusern am Marktplatz der Kreisstadt. Der letzte adlige Besitzer verkaufte es 1612 an den Bischof von Bamberg, dem es als Sommersitz und bald darauf im Dreißigjährigen Krieg als Kaserne, später als Getreidespeicher und Lagerhaus für Flechtmaterialien diente. 1970 kaufte die Stadt das Schloss und renovierte es von 1972 bis 1991, wobei Wandmalereien des 16. Jahrhunderts freigelegt wurden. Das Schloss dient der Stadt für Veranstaltungen, man kann auch Räumlichkeiten für Feierlichkeiten mieten.

Stadtschloss, Lichtenfels

Burg Lichtenstein

96176 Lichtenstein/ Pfarrweisach
Landkreis Haßberge

Zu finden ist die einstige Doppelburg 5 km nördlich von Ebern, in

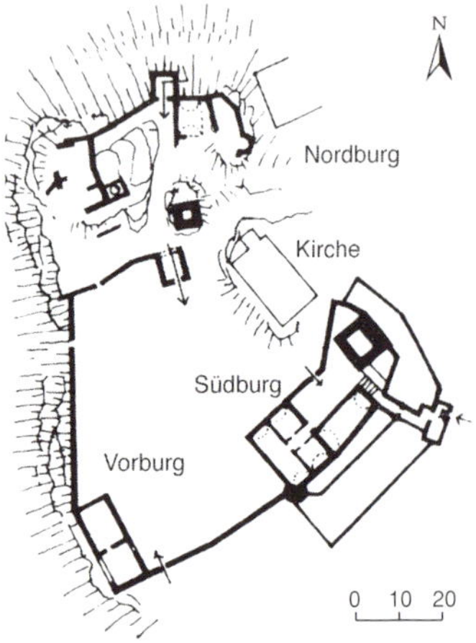

Burg Lichtenstein, Grundriss

100 m Höhe über dem Grund des Weisachtales. Die recht große Anlage vom Anfang des 13. Jahrhunderts bestand aus zwei Burgen, die durch eine gemeinsame Vorburg miteinander verbunden waren. Die erstmalige Nennung eines Adelsgeschlechtes fällt in das Jahr 1215 und der Name Lichtenstein taucht 1232 auf. Vom 14. Jahrhundert bis zum späten 16. Jahrhundert ist sie Ganerbenburg durch die Belehnung der Herren von Rotenhan, Heßberg, Schaumberg und Raueneck.

Nach den großen Zerstörungen im Bauernkrieg waren von 1565 bis 1845 die Lichtensteiner wieder alleinige Besitzer. 1710 wurde auf den Resten einer ehemaligen Burgkapelle die Barockkirche erbaut. Die Familie von Rotenhan setzte romantisierend im 19. Jahrhundert die gesamte Burganlage instand. Im Jahre 1972 kam die Nordburg an den Landkreis Haßberge und in den Jahren von 1994 bis 1998 erfolgte eine Sanierung. Die Südburg ist im Privatbesitz und bewohnt. Schautafeln verweisen auf die Geschichte der Burg und der herrliche Anblick lohnt den Besuch.

Burg Lisberg

96170 Lisberg

Landkreis Bamberg

Bereits im 8./9. Jahrhundert wurde der Ort als „Elitzberg" erwähnt, der am Rande des Naturparks Steigerwald, westlich von Bamberg, liegt und als eine der ältesten Siedlungen Frankens gilt. Die Burg ist eine romanische Anlage mit späteren Um- und Erweiterungsbauten. Sie steht auf einer steil abfallenden Bergzunge. Die Vor- und Hauptburg wurde durch zwei Halsgräben geschützt. Der runde Bergfried aus

Burg Lichtenstein

Burg Lisberg

Bruchsteinmauerwerk stammt wohl aus dem 12. Jahrhundert, sein oberer Teil wurde um 1800 abgetragen. Der um 1600 errichtete östliche Teil ist im Kern gotisch. Aus dieser Zeit datiert auch der Mittelteil mit Treppenturm, wogegen der Westbau vom Anfang des 16. Jahrhunderts stammt. Neben der Burg befindet sich ein Weingut, die Burg selbst kann nicht besichtigt werden.

Schloss zu Lohr am Main

97816 Lohr am Main

Main-Spessart-Kreis

Die im 14. Jahrhundert durch die Grafen von Rieneck errichtete Burg, im späten 15. Jahrhundert zum repräsentativen Schloss umgebaut, liegt im reizvollen Naturpark Bayerischer Spessart. Die Kurfürsten von Mainz waren 1559 die Landesherren und gaben dem Schloss, in dem sich ein großer Saal mit Holzdecke auf drei romanischen Säulen befindet, die heutige Gestalt. Es war zeitweilig die Residenz des kurfürstlichen Hofes und in napoleonischer Zeit 1814 königlich bayerischer Verwaltungssitz. Seit 1936 befindet sich hier das Spessartmuseum, das unter dem Motto „Mensch und Wald“ steht und

Schloss zu Lohr am Main

Spezialführungen zu den Themen Glück und Glas, Spessarträuber, Ritter, Schloss und Edelfrauen anbietet. Maria Sophia Margarethe Catharina, Freifräulein von Erthal, deren Vater, Freiherr Philipp Christoph von Erthal, Oberamtmann war und im Schloss saß, wurde im Juni 1729 im Schloss geboren. Sehenswert ist der im Eingangsbereich befindliche Museumsladen mit einer Ausstattung aus dem 19. und 20. Jahrhundert.

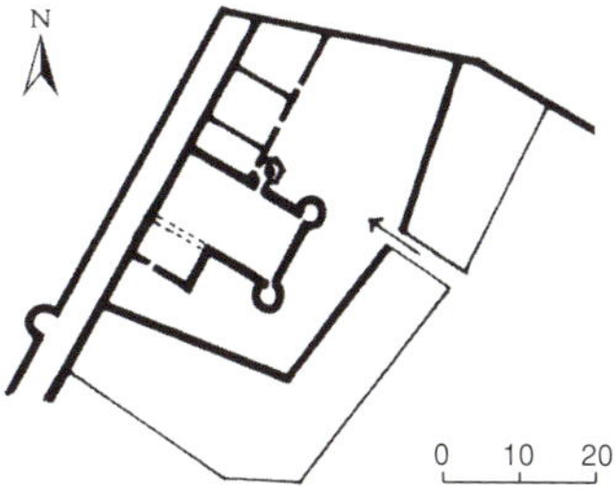

Schloss zu Lohr am Main, Grundriss

Schloss Mainstockheim

97320 Mainstockheim

Landkreis Kitzingen

Mainstockheim, an dessen Ortsende das schlossartige Gebäude, der ehemalige Ebracher Klosterhof steht, liegt nördlich von Kitzingen und östlich von Würzburg. Kraft von Hohenlohe schenkte im Jahre 1284 alle Güter, die Dietrich Fuchs zu Lehen hatte, dem Kloster Ebrach. Im Jahre 1624 ließ Abt Johannes Dressel den Renaissancebau mit Volutengiebel, Beschlagwerk und Obelisken sowie zwei Ecktürme an der Ostseite errichten. Am Schloss befinden sich ein reich gearbeitetes Portal mit Säulen, eine doppelläufige Freitreppe und Steinfiguren der vier Jahreszeiten. Heute wird die Anlage als Seniorenresidenz genutzt.

Schloss Mainstockheim

Seinsheim'sches Schloss

97340 Marktbreit

Landkreis Kitzingen

Das Stadtschloss inmitten des Ortes, südlich von Kitzingen gelegen, wurde 1580 von dem kaiserlichen und fürstbischöflichen Rat Georg Ludwig von Seinsheim im Stile der Renaissance erbaut. Als Georg Ludwig der Ältere 1591 kinderlos starb, ging das Erbe an die Erlacher Linie der Seinsheimer. Das gräfliche Haus Schwarzenberg übernahm 1643 den fränkischen Teil der Seinsheimer Besitztümer und damit auch das im Dreißigjährigen Krieg völlig verwahrloste Schloss und ab 1661 den gesamten Ort. Als der Besitz 1806 an Bayern ging, wurde das Gebäude lange Zeit als Gericht genutzt, bis die Stadt es 1849 aus dem Besitz der Schwarzenberger Fürsten erwarb. Im Jahre 1898 übernahm die bayerische Regierung das Schloss. 1981 kaufte die Stadt das Gebäude zurück, das 1994 mit erheblichem finanziellem Aufwand saniert wurde. Heute befinden sich im Schloss ein Café und eine Weinstube. Weitere Räumlichkeiten werden durch die Stadtbücherei, eine Musikschule, das Rote Kreuz und das städtische Archiv genutzt.

Seinsheim'sches Schloss, Marktbreit

Schloss Marloffstein

91080 Marloffstein

Landkreis Erlangen-Höchstadt

Nordöstlich von Erlangen erhebt sich hoch auf einem Felsen am Rande von Marloffstein der Bau von 1691 bis 1695 über den Relikten einer ehemaligen Burg des 11./12. Jahrhunderts. Die zweigeschossige Anlage mit kurzen Flügeln, flachem Dreiecksgiebel und Erdgeschossarkaden im Hof ist das Ergebnis starker Veränderungen im 19. Jahrhundert. Die einstige Veste „Mawrolffstein“ entstand etwa Mitte des 11. Jahrhunderts und schirmte das Nürnberger Reichsland nach Norden ab. Der Sitz wurde im Jahre 1361 bischöfliches Amt von Bamberg und nach Zerstörung der Anlage im Zweiten Markgrafenkrieg erfolgte ein Wiederaufbau zum Amts- und Jagdschloss. Ein Umbau im Barockstil erfolgte von 1691 bis 1695. Nach der Säkularisation kommt Marloffstein 1806

Schloss Marloffstein

zum Königreich Bayern und das in der Folge ungenutzte Schloss verfällt. Prof. Lips aus Erlangen ersteigerte es 1812 mit den Rechten einer Bierbrauerei, Brandwein- und Ziegelbrennerei, was den Abriss der Schlosskapelle, des Schlossturms und baufälligen Nordflügels zur Folge hatte. Mit dem Bruchmaterial hat man den Schlossgraben verfüllt. Nach weiteren privaten Besitzern gelangte der Herrensitz im Jahre 1880 an den Marloffsteiner Landwirt und Schreiner Aichinger, der neben seiner Werkstatt eine Gastwirtschaft einrichtete. Aichinger setzte das Schloss wieder ansehnlich instand. Im Jahre 1932 vernichtete ein Großbrand den Dachstuhl und Fremdenzimmer im oberen Geschoss. Die Familie baute es wieder auf und hat es noch heute in ihrem Besitz. Familie Schmid bewirtschaftet seit 1998 das „Gasthaus Schloss Marloffstein“.

Schloss Maroldsweisach

96126 Maroldsweisach

Landkreis Haßberge

An der südlichen Landesgrenze von Thüringen, nordwestlich von Ebern an der B 279, ist Maroldsweisach zu finden. Das Schloss war vom 15. Jahrhundert bis 1765

Schloss Maroldsweisach

im Besitz der Stein vom Altenstein und danach bei den Freiherrn Horneck von Weinheim. Nach erneutem Besitzerwechsel erfolgte ein Neubau als zweigeschossiger Rokokobau mit Mansarddach und schönen Stuckaturen im Saal sowie der katholischen Schlosskapelle. Das Schloss ist öffentlich nicht zugänglich.

Schloss Seehof

96117 Memmelsdorf

Landkreis Bamberg

Die ehemalige Sommerresidenz im Nordosten von Bamberg, nahe der A 70 gelegen, geht auf ein Jagd- und Landhaus, die einstige „Marquardsburg" aus dem ausgehenden 15. Jahrhundert, zurück. Hier frönten die Fürstbischöfe von Bamberg ihrer Liebhaberei, der Jagd. Marquardt Sebastian Schenk von Stauffenberg gab dem aus Italien stammenden Architekten Antonio Petrini 1687 den Auftrag, das heutige Schloss Seehof zu bauen, das 1696 fertiggestellt war. Fürstbischof Johann Philipp Anton von Franckenstein ließ 1751 den Weißen Saal durch den Hofmaler Appiani neu gestalten. Aus dieser Zeit stammt das pompöse Deckengemälde Götterhimmel. Mit Fürstbischof Adam Friedrich von Seinsheim erlebte Seehof seine Blütezeit, in der Bildhauer Fer-

Schloss Seehof, Memmelsdorf

Schloss Seehof, Memmelsdorf, Kaskade

dinand Tietz 400 Steinfiguren für den von Fürstbischof Lothar Franz von Schönborn im 18. Jahrhundert angelegten Barockgarten schuf. 1840 kaufte der preußische Oberst Friedrich von Zandt das Schloss, dem er aber finanziell nicht gewachsen war, sodass dessen Erben wertvolles Mobiliar veräußerten. Nach Inbesitznahme der Anlage durch den Freistaat Bayern ab 1976 erfolgten umfassende Instandsetzungen. Von der Pracht des einstigen Rokokogartens zeugt u. a. die wiederhergestellte Kaskade von 1772 mit ihren Wasserspielen.

Wasserschloss

63875 Mespelbrunn

Landkreis Aschaffenburg

Mespelbrunn ist eine Perle der Wasserschlösser, gelegen in herrlicher Landschaft des Spessarts. Das lang gezogene Städtchen liegt ca. 15 km südöstlich von Aschaffenburg. Der Standort der Schlossanlage ist ausgeschildert. Zum Dank für treu geleistete Dienste schenkte Erzbischof Johann von Mainz am 1. Mai 1412 dem Ritter Hamann Echter aus dem Odenwald den

Mespelbrunn

Wasserschloss, Mespelbrunn

Platz „Zum Espelborn", der mitten im Herzen des Spessarts liegt. Um 1419 baute er sich dort Haus und Hof. Während der unruhigen Hussitenzeit zwischen 1427 und 1434 errichtete sein gleichnamiger Sohn „ein festes Haus" mit Mauern und Türmen. Im Jahre 1519 wird im Südosteck des Hofes das heute noch stehende Untergeschoss gebaut und später die Anlage zum Renaissanceschloss erweitert. 1551 wurde dieses begonnen und nach 18 Jahren von Peter Echter beendet. In den folgenden Jahrzehnten wurden weitere An- und Umbauten vorgenommen sowie Inneneinrichtungen geschaffen. 1564 entstand durch eine niederländische Wandermanufaktur der älteste deutsche Familienteppich mit den Bildnissen Peters und Gertrauds inmitten ihrer 10 Kinder. Julius Echter, Fürstbischof von Würzburg und Herzog in Franken, weilte des Öfteren in Mespelbrunn. Adolf Echter ließ den heute nicht mehr erhaltenen Bau zwischen Bergfried und Tor durch Wolf Beringer von Würzburg errichten und den Alabaster-Altar von Michael Kern aufstellen. 1576 verstarb Peter Echter und bereits 1665 war der

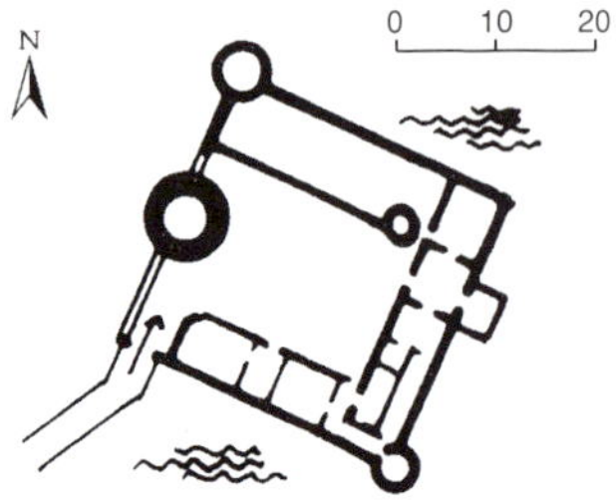

Wasserschloss, Mespelbrunn, Grundriss

kinderreiche Mannesstamm der Familie ausgestorben. Der Besitz ging durch die Erbtochter an die Freiherren und späteren Grafen von Ingelheim aus dem Rheingau über. Im Sinne der Romantik hat man im 19. Jahrhundert den geschlossenen Hof durch einen großen Bogen hin zum Wasser geöffnet. Durch häufig auftretende Schäden entstand nach Wiederherstellung die malerische Laube in der Wasserfront des Giebelhauses am Turm. Auch heute dient das Schloss als Familiensitz, wobei der Nordflügel mit den Sälen und historischen Gemächern samt Kapelle der Öffentlichkeit zugänglich ist. Das Museum, reich an Kunstwerken wie Möbeln, Gemälden, Waffen, Porzellan, zieht die Besucher an, da der verträumte Baustil des Schlosses in seiner malerischen Umgebung kaum von anderen historischen Bauwerken übertroffen wird. Während des Zweiten Weltkrieges blieb das Schloss unversehrt und diente bis in die heutige Zeit oft als Schauplatz für Märchen und Romane (Film „Das Wirtshaus im Spessart“ mit Lieselotte Pulver). Schloss Mespelbrunn ist ein Denkmal fränkischer Geschichte und lebendiger Tradition. Faszination, Ruhe und Geborgenheit vermittelt jedem Besucher dieses wunderschön gelegene verträumte Schloss.

Mildenburg

63897 Miltenberg

Landkreis Miltenberg

Miltenberg ist ein wunderschönes historisches Kleinstädtchen. So ist es nicht verwunderlich, dass hier über der Mainschleife auch eine Burg steht, von der man einen herrlichen Ausblick auf die Stadt und den Fluss mit seinen kreuzenden Dampfern hat. Sie liegt über dem Schlossgässchen an einem Berg. Der Mildenburg sieht man die verschiedenen Bauepochen an. Ihr ältester Teil ist der Bergfried, der um 1200 als Zollstation für die Mainschifffahrt durch die

Mildenburg, Miltenberg

Miltenberg

Mildenburg, Miltenberg

Mainzer Bischöfe errichtet wurde. Die erste Erwähnung der Mildenburg liegt im Jahre 1226, als hier Burggrafen des Erzbistums Mainz residierten. An der Nordostecke steht der Palas mit seinen romanischen Kellern. Die drei Geschosse stammen aus der Zeit von Erzbischof Konrad von Weinsberg 1390 bis 1396. In der Reformationszeit stürmten aufrührerische Bauern die Burg, die im Markgrafenkrieg 1552 nochmals beschädigt wurde. Um 1500 erfolgte der Bau der Kemenate und von 1555 bis 1582 der Wiederaufbau des Wohnbaus. Dem nassauschen Archivar Friedrich Gustav Habel ist die Erneuerung der Anlage 1858 nach früherem Verfall zu verdanken. Der Palas wurde im 19. Jahrhundert restauriert, in dessen sogenanntem Rittersaal sich ein spätgotischer Kamin von 1565 und ein Kapellenerker befinden. Das Vorwerk auf der Südseite ließ Erzbischof Dieter von Isenburg 1459 bis 1462 anlegen. Die Außenrestaurierung und Wiederherstellung der Originalfarbigkeit wurde 1970/71 vorgenommen. Die Burg, die heute nur äußerlich besichtigt werden kann, wurde 1979 von der Stadt gekauft.

Wasserschloss

96268 Mitwitz
Landkreis Kronach

Mitwitz liegt am Ausläufer des Frankenwaldes am Knotenpunkt nach Sonneberg, Coburg und Kronach. In der Mitte des 13. Jahrhunderts ist ein bambergsches Lehen der Freiherrn von Schaumberg nachgewiesen, deren Schloss und Dorf 1425 an die Herren von Rosenau überging. Dieses Coburger Münzmeistergeschlecht verkaufte den Besitz 1575 an die Freiherren von Würzburg. Im Bauernkrieg 1525 erhielt das Schloss Brandschäden, die unter der Leitung von Daniel Engelhardt um 1600 beseitigt

Wasserschloss, Mitwitz

Wasserschloss, Mitwitz

wurden, der auch einen Ausbau des Kernschlosses in seiner jetzigen Form vornahm. Das Schloss, eines der bedeutendsten Wasserschlösser Frankens, ist im Privatbesitz der Familie von Kramer-Klett, die dem Landkreis Kronach ein neunundneunzigjähriges Nutzungsrecht einräumte. Museumsräume laden nach Vereinbarung zur Besichtigung ein, darüber hinaus werden Symposien und Ferienseminare gehalten sowie verschiedene Veranstaltungen zu besonderen Anlässen durchgeführt. Das Schloss ist u. a. Sitz der „Ökologischen Bildungsstätte Oberfranken".

Schloss Möhren

Schloss Möhren

91757 Möhren/Treuchtlingen
Landkreis
Weißenburg-Gunzenhausen

Das 1880 historisierend erneuerte Schloss in Möhren liegt im Naturpark Altmühltal, südwestlich an die Stadt Treuchtlingen angrenzend. Im Kern besteht die Anlage aus einer wohl im 13. Jahrhundert existierenden Höhenburg. Seit 1711 saßen hier die Fugger und ab 1877 das Geschlecht von Pappenheim. Der Hauptbau, ein lang gestreckter Flügel mit angebautem Rundturm, stammt aus der Zeit der Fugger. Der Turm ist vielleicht auf einem Unterbau aus dem 13. Jahrhundert errichtet worden. Von der älteren Anlage bestehen noch Reste der Befestigung und zwei Torhäuser des 17./18. Jahrhunderts, dagegen sind die Nebengebäude weitgehend erneuert. Die Gesamtanlage wurde von einer niederländischen Familie übernommen, die hier eine Pension eingerichtet hat.

Schloss Mörlach

91161 Mörlach/ Hilpoltstein
Landkreis Roth

Nahe der A 9, östlich von Hilpoltstein, steht der 1775 von Christoph Adam Carl von Imhoff erbaute dreistöckige Herrschaftsbau im Dörfchen Mörlach. Schon 1115 wird der Ortsteil Mörlach als Sitz des Ministerialengeschlechts von Immerla erwähnt, das seinen Wohnsitz im heutigen Minettenheim hatte. Das Schloss ist ein zweigeschossiger Mansarddachbau mit Zwerchhausrisalit, in dessen Obergeschoss sich ein klassizistisch stuckierter Saal von dem Nürnberger Johann Michael Krieger befindet. Insgesamt wurde die kunstvolle Innenausstattung im geschmackvollen Rokokostil erbaut. Das Schloss ist durch einen quadratischen Vorhof mit gerundeten Ecken etwas zurückgesetzt und ein fünfteiliges Torgitter in guter Spätrokokoarbeit ziert den Bereich. Der Park mit englischem Garten und ehemals reicher Ausstattung wurde im Laufe der Zeit zerstört. Zum Schloss gehört ein Reiterhof. Das Schloss selbst befindet sich im Privatbesitz und ist nicht zugänglich.

Schloss Mörlach

Burg Veldenstein

91284 Neuhaus a. d. Pegnitz
Landkreis Nürnberger Land

Veldenstein steht auf einem Dolomitfelsen hoch über dem Tal der Pegnitz. Die Burg entstand vermutlich als Außenposten des Hochstiftes Bamberg im 11. Jahrhundert und diente im Mittelalter den Bamberger Bischöfen als Amtssitz. Im 14. und 15. Jahrhundert wurde sie mehrfach verpfändet. Von 1402 bis

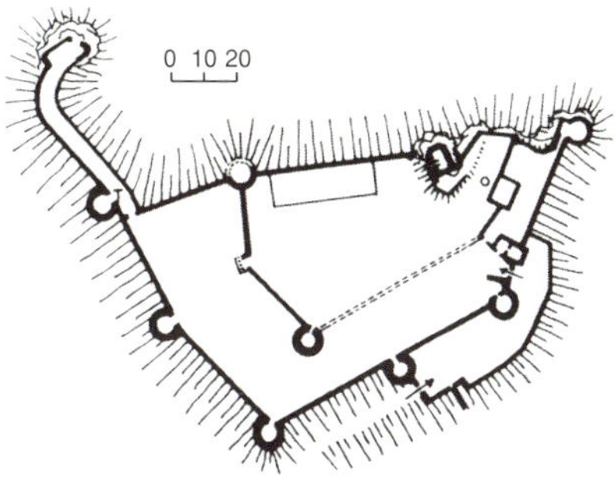

Burg Veldenstein, Neuhaus a. d. Pegnitz, Grundriss

Burg Veldenstein, Neuhaus a. d. Pegnitz

1435 erfolgte unter Hans von Egloffstein, der sich „zum Neuenhaus“ nannte, die erste größere Erweiterung der Wehranlage. Fürstbischof Philipp von Henneberg baute die Anlage von 1475 bis 1487 zur Residenzburg aus. Der schlanke Bergfried ist einer der ältesten Bauten, wie auch das im 19. Jahrhundert sogenannte Herrenhaus, das heute ein Hotel beherbergt. Nicht durch Kriege wurde die Anlage zerstört, sondern durch einen Blitzeinschlag 1708 im Pulverturm, der die Burg zur Ruine verfallen ließ. 1897 erwarb der königlich-preußische Stabsarzt Hermann Epenstein, Gutsbesitzer in Berlin und Salzburg, den Besitz und ließ ihn restaurieren. Hermann Göring kaufte 1937 von der Witwe des Hermann Epenstein die Burg, renovierte sie und baute einen Bunker. Vom „Göring-Schatz“ angezogen kamen Schatzsucher in Scharen zur Burg, um hier ihr Glück zu finden. Doch selbst von den Amerikanern, die 1945 den Veldenstein eroberten, wurden keine Kunstschätze gefunden. Als 1950 die Burg in das Eigentum des Freistaates Bayern übergegangen war, wurde sie unter Denkmalschutz gestellt. Von 1968 bis 1972 gab es hier eine Falknerei und danach diente die Anlage als Brauerei, die seit 1974 auf der Burg ein Hotel betreibt.

Schloss Neuhof
96450 Neuhof/Coburg

Neuhof, das bereits 1371 als Newenhoff benannt wurde, liegt im Osten von Coburg. Von 1401 bis 1490 saßen hier Mitglieder der Familie Bach, die Bürgermeisterämter in Coburg bekleideten und später zu Rittern geschlagen wurden. Albrecht von Bach, der sich in Kämpfen gegen die Hussiten in Böhmen ausgezeichnet hatte, war 1441 Eigentümer des Anwesens. Im Dreißigjährigen Krieg wurde Neuhof erheblich zerstört. Als Otto Hieronymus von Bach 1678 bis 1691 das Schloss erneuern ließ, verschuldete er sich dermaßen, dass er den Besitz 1732 an Sophie von Waldsachsen verkaufte, deren Nachkommen bis 1857 hier lebten. Ihnen folgte der Kaufmann Alfred Böcking aus Amsterdam und ab 1866 Charles Souchay aus Manchester. Er ließ den Schlossgraben verfüllen und den Park im englischen Stil neu gestalten. Als Sommer- und Altersresidenz nutzte von 1873 bis 1879 der preußische Staatsminister und Generalfeldmarschall Graf Albrecht von Roon das Anwesen. Seine Beziehungen reichten bis zum Coburger Herzoghaus. 1884 ging das Schloss an den Konsul Ferdinand Ladenburg, dessen Nachfahren es bis 1950 besaßen. Als der Landkreis Coburg Eigentümer des Schlosses wurde, erfolgte der Umbau zum Altenheim, als das es bis 1972 genutzt wurde. Nachfolger war der Berliner Joachim Schwanstecher, der es

Schloss Neuhof

als Hotel mit Vogelpark ab 1974 betrieb. Bevor Schloss und Park für suchtkranke Menschen durch die „Gesellschaft für soziale Einrichtung mbH“ instand gesetzt wurden, waren sie lange Zeit ungenutzt. Zum Tag der offenen Tür der Sozialtherapeutischen Einrichtung für Suchtkranke sind Besucher herzlich willkommen.

Schloss Neuses am Sand

97357 Neuses am Sand/ Prichsenstadt
Landkreis Kitzingen

Neuses am Sand liegt am Kreuzungspunkt der B 22 und B 286 zwischen Gerolzhofen und Prichsenstadt. Das im Ort liegende Schloss wurde 1498 als Wasserschlossanlage erbaut. Die Lehensträger waren von Fuchs und von Seinsheim und ab 1663 Oberst Philipp Gaston Wolf Graf von Wolfsthal. Im Jahre 1717 ging das Anwesen mit allen Ländereien an die Grafen von Schönborn. 1936 erwarben die Vorfahren der heutigen Besitzer, Familie Wörner, das Schloss. Es ist ein zweigeschossiges Wohngebäude mit Treppenturm und zwei Ecktürmen aus dem 15./16. Jahrhundert, das um 1710 erneuert wurde. An die Zeit der Renaissance erinnern die Fenster und ein polygonaler Treppenturm mit Wendelstein. Die Nordseite mit geschweiftem Giebel und Rundturm mit Haube zeigt sich hingegen barock. Im Jahre 2005 wurden die Wappen derer von Fuchs am Hofeingang und derer von Wolfsthal am Portal des Treppenturmes aufwendig renoviert. Die Gestaltung des Hofes vervollständigt die umfassende Erneuerung der Gesamt-

Schloss Neuses am Sand

Altes Schloss, Turm, Neustadt a. d. Aisch

anlage und hat sie heute zu einem Kleinod Frankens werden lassen. Besucher können in der Zofenkammer, der Ahnensuite und dem Gutsherrenzimmer einen romantischen Urlaub verleben, ihr Wohlbefinden mit Sauna und Wellness verbessern oder Feierlichkeiten ausrichten. In der Galerie finden wechselnde Ausstellungen statt. Dem Schloss ist ein Weingut angeschlossen.

Altes und Neues Schloss

91413 Neustadt a. d. Aisch
Landkreis Neustadt
a. d. Aisch-Bad Windsheim

Das in Neustadt a. d. Aisch 1430 bis 1440 erbaute **Alte Schloss** entstand unter Kurfürst Albrecht Achilles. Es diente als Nebenresidenz und Witwensitz der Linie Brandenburg-Kulmbach-Bayreuth. Der mehrfach umgebaute Komplex, bestehend aus einem spätmittelalter-

Altes Schloss, Neustadt a. d. Aisch

lichen Rundturm, zweigeschossigem Torhaus aus dem 15. Jahrhundert und einem sechseckigen Treppenturm, wurde 1811 als Rentamt genutzt. Das Alte Schloss hat sich heute zu einem attraktiven Kulturareal der Stadt entwickelt, mit mehreren Museen, Apothekergarten und dem Archiv des Geschichts- und Heimatvereins. Im Sommer finden im Hof Freilichtaufführungen statt.

Nach dem Bau des **Neuen Schlosses** 1575 bis 1626 von Peter Fahrenschon, unter Mitwirkung von Th. Martinotus, war dieses Sitz des Landeshauptmanns. Das neue Schloss brannte 1906 bis auf einen Treppenturm ab. Heute befindet sich hier eine Schule.

Kaiserburg Tucherschloss

90403 Nürnberg

Die Nürnberger **Kaiserburg** liegt in der historischen Altstadt und ist geschichtlich sowie baukünstlerisch eine der bedeutendsten Wehranlagen Europas. 1050 unter Kaiser

Neues Schloss, Neustadt a. d. Aisch

Kaiserburg, Nürnberg

Heinrich III. gegründet, ist sie ein Denkmal der Reichsgeschichte und wurde auch von den bayerischen Königen besucht. Ihre Bedeutung kommt auch darin zum Ausdruck, dass zwischen 1050 und 1571 alle Kaiser des Heiligen Römischen Reiches Deutscher Nation, bis hin zu Maximilian I., hier ihr Hoflager aufschlugen. Im Jahre 1138 entstand hier die zweite Burg unter Kaiser Konrad III. Im 12./13. Jahrhundert erfolgte die Trennung zwischen der Reichsburg und der aus der Salischen Königsburg hervorgegangenen Burggrafenburg. Auf der Burg wurde auch der erste Reichstag abgehalten. Kaiser Friedrich III. ließ auf dem Burggelände einen neuen Palas und Kemenaten errichten. Der letzte Kaiser des Heiligen Römischen Reiches Deutscher Nation, der Habsburger Joseph I., weilte hier 1704 und der Kaiser des Zweiten Reiches, der Hohenzoller Wilhelm II., besuchte die Burg seiner Ahnen 1897 und 1915. Geschichtlich nachweisbar ist, dass das aus Schwaben stammende Geschlecht der Zollern auf der Burg seinen Aufstieg zu einer deutschen Großmacht erlebte, denn sie waren von 1192 bis 1427 „Hüter" oder „Burggrafen". 1415 erwarben sie durch Landkäufe die Mark Brandenburg, das Kernland von Preußen. Aufgrund der immer nur kurzen Aufenthalte der hohen Besucher war die Burg nur zeitweise bewohnt und hatte daher keine besondere Ausstattung. König Ludwig I. ließ wohl deshalb in den Kaiserzimmern eine neugotische Königswohnung einrichten. Sehenswert ist die Doppelkapelle, die noch aus der Zeit Friedrich Barbarossas stammt. Er war es, der die damals kleine Anlage zu einer der größten Burgen ausbauen ließ. 1828 brachte man hier den Findling Kaspar Hauser im Turm Luginsland unter, der als städtisches Gefängnis diente. In den Jahren 1834/35 und nochmals 1934 wurden umfangreiche Sanierungsarbeiten vorgenommen. Nach Kriegsende 1945 erfolgte der Wiederaufbau und die Beseitigung der Kriegsschäden. Heute ist die Kaiserburg für Besucher in Nürnberg das beliebteste Ausflugsziel. Man benötigt schon einige Stunden, um die Burg zu erforschen und den Führungen durch die Räumlichkeiten zu folgen.

Kaiserburg, Nürnberg

Kaiserburg, Nürnberg, Sinwellturm

Auch das **Tucherschloss** unweit der Kaiserburg ist einen Besuch wert. Dieser ehemalige Sommersitz der Patrizierfamilie Tucher wurde zwischen 1533 und 1544 errichtet. Es ist ein Renaissancebau mit altem Inventar und die Tucher'sche Familienstiftung stellt Möbel der italienischen und süddeutschen Herkunft sowie flandrische Wirkteppiche, Bildnisse und Glasgemälde, Goldschmiedearbeiten und Fayencen aus. Hier wird ein lebendiger Eindruck vom Lebensstil der Nürnberger Großkaufleute vermittelt.

Schloss Oberkotzau

95145 Oberkotzau

Landkreis Hof

Das Schloss liegt 5 km südlich der Kreisstadt Hof im Ort Oberkotzau. Es ist eine der ältesten Ansiedlungen im nordöstlichen Oberfranken, deren erste urkundliche Erwähnung aus dem Jahre 1234 stammt. Reichtum und Ansehen brachten den Herren von Kotzau, einem uradeligen Rittergeschlecht, diesen Besitz ein. Mitte des 17. Jahrhunderts erlosch dieses Adelsgeschlecht und die Güter gingen nach zwischenzeitlichem Besitz an die Markgrafen von Bayreuth über. Markgraf Georg Albrecht aus dem Hause Brandenburg-Kulmbach erwarb 1698 das Anwesen, worauf er eine Bürgerliche heiratete und hier seinen Wohnsitz nahm und Gründer der freiherrlichen Familie von Kotzau wurde. Sie ließen an der Stelle des 1852 abgebrannten alten

Oben: Tucherschloss, Nürnberg

Unten: Schloss Oberkotzau

Schlosses die heutige umfangreiche dreigeschossige Anlage, mit Turmbau akzentuiert, errichten. Im Schloss können Ferienwohnungen gemietet werden. Außerdem ist hier ein Wohnheim für psychisch behinderte Menschen untergebracht.

Blaues und Rotes Schloss

91619 Obernzenn
Landkreis Neustadt
a. d. Aisch-Bad Windsheim

Obernzenn liegt im Naturpark Frankenhöhe, südöstlich von Bad Windsheim. Der Ostflügel des **Blauen Schlosses** wurde von 1711 bis 1718 nach Plänen Gabriel de Gabrielis dreigeschossig mit Walmdach erbaut. Die oberen Geschosse sind durch Lisenen zusammengefasst. Der Ahnensaal im Ostflügel mit Stuckdecke aus der zweiten Hälfte des 18. Jahrhunderts enthält in die Wandverkleidung eingelassene Ahnenporträts. Zwischen der Nordseite des Schlosses und dem Graben liegt die Gartenterrasse. Die Eisengussbrücke von 1747 ist eine der ersten Eisenbrückenkonstruktionen. Das **Rote Schloss** von 1745 mit Mansarddach entstand einheitlich nach Plänen von Leopoldo Retti, vielleicht unter Beteiligung Johann David Steingrubers. Das Obergeschoss des Ostflügels wird durch Wandfelder und Lisenen gegliedert. In den Hofwinkeln befinden sich Treppenhausrisalite. Das gesamte Areal ist seit 1736 im Besitz der Freiherren von Seckendorff-Aberdar. Während der Sommermonate werden Führungen durch das Blaue Schloss angeboten.

Blaues und Rotes Schloss, Obernzenn

Schloss Oberschwappach

97478 Oberschwappach/ Knetzgau
Landkreis Haßberge

Das Schloss liegt am Fuße der höchsten Steigerwalderhebung, südlich von Haßfurt. Hier residierte von 1658 bis 1686 Abt Alberich Degen, der durch Zukäufe der damaligen Propstei zum wirtschaftlichen Aufschwung verhalf.

Schloss Oberschwappach

Er war ein Förderer des Weinbaus und führte im Jahr 1665 die Silvaner-Rebe im Frankenland ein. Abt Wilhelm Sölner erbaute von 1733 bis 1738 nach Plänen des Architekten Johannes Leonhard Dientzenhofer das Schloss als Ebracher Amtshof und die Barbarakirche. Den Äbten von Ebrach diente es auch als Sommersitz. Ein mehrfacher Besitzerwechsel folgte der Säkularisation. Im Jahre 1903 ging das Schloss an den Freiherren von Düngern. Schwere Beschädigungen erlitt das Gebäude im Zweiten Weltkrieg. Seit 1985 Eigentum der Gemeinde Knetzgau, wurde es 1986/87 mit der Unterstützung des Freistaates Bayern umfassend renoviert. Heute zeigt sich dem Betrachter eine Dreiflügelanlage mit Mittel- und Eckpavillons, gedeckt mit Mansarddächern, über dem Portal das Wappen von Abt Wilhelm Sölner. Die Hauptfront zeigt zum ausgedehnten Garten mit drei Terrassen, Treppen und einem Brunnenbecken, im Hof der Neptunbrunnen. Die acht musealen Räume über zwei Etagen sind mit bedeutenden Kunstsammlungen ausgestattet. Im Spiegelsaal finden zu besonderen Anlässen Konzerte statt und im Westflügel sorgt ein Restaurant für das leibliche Wohl.

Schloss Oberschwarzach

Schloss Oberschwarzach

97516 Oberschwarzach
Landkreis Schweinfurt

Das von Julius Echter 1614 südöstlich von Gerolzhofen erbaute Renaissanceschloss mit Satteldach und Treppengiebeln sowie runden Ecktürmen und polygonalem Treppenturm diente als bischöfliches Amtshaus. Bereits 1151 wird hier erstmals ein „Curia Swarza" erwähnt und ein Castrum Stolberg mit einer Schenkung an das Kloster Ebrach genannt, auf dem staufische Ministeriale saßen. 1236 wurde der Eigentümer Ludwig von Stolberg während einer Fehde mit dem Bischof Hermann von Lobdeburg auf der Burg erschlagen. Dem Sohn des Ludwig von Stolberg wird die Burg vom Bischof als Lehen überlassen. Im Jahre 1272 fiel die Anlage an das Würzburger Hochstift zurück und diente als Sitz des Würzburger Oberamtes. Im Bauernkrieg wurde sie wie viele andere Burgen auch zerstört. 1575 kaufte der Fürstbischof Julius Echter das Anwesen und errichtete ein neues Amtshaus, das noch heute gut erhaltene und bewohnte Renaissanceschloss. Während des Siebenjährigen Krieges erfolgte eine letzte Hinrichtung durch Enthauptung mit dem Schwert in Oberschwarzach. In dieser Zeit war der Ort von preußischen Truppen besetzt. Im Jahre 1803 ging das Schloss mit der Säkularisation an den bayerischen Staat und 1972 in den Besitz der Pfarrgemeinde, die hier ein Pfarrhaus und Wohnungen einrichtete. Zum Weinfest im Jahre 2002 wurde das Verlies im untersten Schlossturmgeschoss gesäubert, wobei auf den Wänden Inschriften und Zeichnungen zum Vorschein kamen. Erfasst wurden aus dem 17. Jahrhundert stammende Graffiti ehemaliger Gefängnisinsassen.

Schloss Obersteinbach

91480 Obersteinbach/
Markt Taschendorf
Landkreis Neustadt
a. d. Aisch-Bad Windsheim

Die Zweiflügelanlage, die nordwestlich von Neustadt a. d. Aisch zu finden ist, wurde 1792 errichtet und 1911 im Stil der Neurenaissance umgebaut. Alte Überlieferungen verweisen auf mächtige und reiche Ritter, die Reichsfreiherren von Steinbach. Zum Besitz des Heinz von Seckendorff zählte 1515 eine Vielzahl von Dörfern. Während des Bauernkrieges 1525 zerstörten Aufständische das Schloss. 1546 verkaufte Ludwig von Eyb, Stiftungspropst von Herrieden, das „verödete Obersteinbach" an den Reichsfreiherrn Georg Wilhelm von Lentersheim. Der Neubau des Schlosses im Renaissancestil war 1555 abgeschlossen. Georg Erkinger von Lentersheim kaufte 1598 von der Familie Stiebar weitere Güter. 1739 verkaufte Graf Christoph Gustav von Lentersheim seine verschuldeten Güter an Paul Martin Eichler von Auriz und 1760 übernahm der noch minderjährige Carl Wilhelm Friedrich von Auriz den Besitz und verspielte diesen 1764. Da der nachfolgende Eigentümer nicht von Adel war und gedrängt wurde, seinen Besitz wieder abzugeben, kamen ein Jahr später die Freiherrn von Künßberg an Obersteinbach, die 1792 das Schloss niederrissen und ein neues aufbauten. Durch Zwangsversteigerung kommt 1866 der Fabrikbesitzer Johannes Zeltner aus Nürnberg an den Besitz, dessen älteste Tochter Marie Deibel-Zeltner teilweise Umbauten in Auftrag gab. Nach weiterem häufigem Besitzerwechsel erwarb die Bankdirektorenfamilie von Grafenstein das Anwesen und ließ es im Innern geschmackvoll herrichten. J. Georg von Grafenstein verkaufte das Schloss mit einem Teil des Parkes an das Schullandheimwerk Mittelfrankens e. V. und als solches wird es noch heute genutzt.

Schloss Obersteinbach

Schloss Obertheres

97531 Obertheres/Theres
Landkreis Haßberge

Nur 5 km westlich von Haßfurt, am nördlichen Mainufer, liegt Theres. Das Schloss war ursprünglich ein Kloster des Bamberger Bischofs. Gegründet wurde es im Jahre 1040 und es bestand bis 1802 unter Abt Gregor II. Die Klosterkirche wurde im Jahre 1715 abgebrochen und von 1716 bis 1724 durch einen Monumentalbau des Baumeisters Joseph Greising aus Würzburg ersetzt. 1809 wurde die Abtei nach Abbruch der Kirche zum Schloss und kam in den Besitz des Ministers Freiherr von Kretschmann. Im Jahre 1828 folgten die Freiherren von Dittfurt und seit 1856 die Freiherren von Swaine als Besitzer. Es ist eine großzügige Dreiflügelanlage, mit an der Westseite befindlichem Hauptportal und doppelläufiger Freitreppe. Heute gibt es hier einen Weinhandel.

Schloss Obertheres

Lichtenburg

97645 Ostheim v. d. Rhön
Landkreis Rhön-Grabfeld

In der schönen Rhön, bei Ostheim auf einem hohen Berg gelegen, bietet die Lichtenburg einen herrlichen Ausblick in die wunderbare Landschaft. Bereits im 3. Jahrhundert gab es hier eine Befestigung. Im 12. Jahrhundert gehörte die Burg den Hennebergern. Seit dem 13. Jahrhundert war sie Herrschafts- und Verwaltungszentrum des Amtes Lichtenberg, zu dem Ostheim gehörte. Im 14. Jahrhundert, während der Fehden zwischen Fulda, Würzburg und den Grafen von Henneberg, wurde die Anlage verstärkt und der Turm gebaut. Es gab mehrere Türme, wovon einer, die sogenannte Ostheimer Warte, noch steht. Im Bauernkrieg 1525 erlitt die Lichtenburg große Schäden, wurde aber wiederaufgebaut. Mit der Verlegung des Amtes 1680 nach Ostheim verlor sie an Bedeutung und verfiel. 1811 kauften drei Ostheimer Kaufleute die Burg und boten die Steine als Baumaterial an. Dem setzte 1843 die Regierung des Großherzogtums Sachsen ein Ende und kaufte die Burg zurück. Sie stellt eine umfängliche Anlage mit doppeltem Bering dar, wovon nur der quadratische Bergfried aus dem Jahre 1323 gut erhalten blieb. Das Haupttor ist heute im Renaissancestil gestaltet; ein Rest der ehemaligen Kemenate von 1604 liegt an der Nordseite mit romanischen Mauerresten. Angrenzend nach Osten befinden sich die Relikte des Palas und der Kapelle aus dem 12./13. Jahrhundert. Unter dem Amtmann Justizrat Schmid gründeten über hundert Bürger einen Verein zur Erhaltung der Lichtenburg, die im Laufe der Jahrzehnte eine romantisch gepflegte Ruine gestalteten und heute hier eine ansprechende Burggaststätte den Besuchern präsentieren.

Lichtenburg, Ostheim v. d. Rhön

Burg Pappenheim

91788 Pappenheim
Landkreis
Weißenburg-Gunzenhausen

Die Stammburg, südöstlich von Treuchtlingen auf einem schmalen Bergrücken aus Kalkfels gelegen, wurde erstmals 1028 erwähnt. Bereits 1002 bis 1024 soll eine erste burgartige Befestigung der Herren von Kalendin (später Pappenheim) hier gestanden haben. Die Reichserbmarschälle von Pappenheim hatten ihren Stammsitz auf der Burg über der gleichnamigen Stadt an der Altmühlschleife. Aus diesem bedeutenden Grafengeschlecht, das seit 1356 mit der erblichen Marschallwürde ausgestattet war, führte Marschall Konrad Tausende von Kreuzrittern nach Kleinasien, Marschall Heinrich diente fünf Kaisern und Heinrich Testa von Pappenheim brachte es im 12. Jahrhundert zum Vizekönig von Sizilien. Schiller hat den „Pappenheimern“ in seinem Trauer-

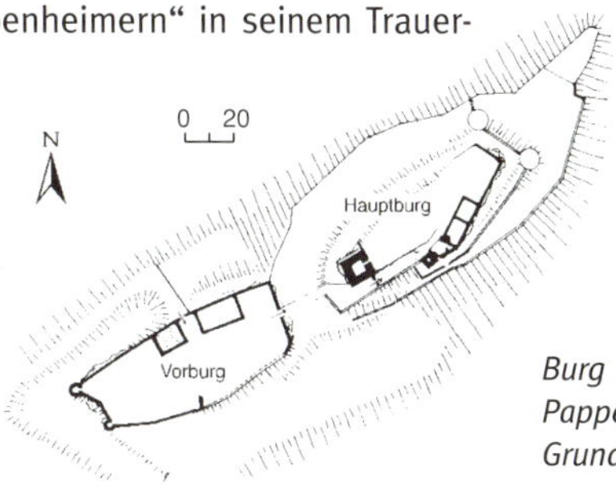

Burg Pappenheim, Grundriss

Burg Pappenheim

spiel „Wallensteins Tod“ ein Denkmal gesetzt. Der Bau der heutigen Burg begann um 1180 mit dem Bergfried, dem 1280 der Bau der Vorburg folgte und um 1500 weitere Ausbauten mit Burghäusern, Zwinger und Rundtürmen. Nach der Zerstörung im Dreißigjährigen Krieg wurde sie nur notdürftig wiederhergestellt. Besiegelt wurde das Schicksal der Burg 1705, als die Franzosen im Spanischen Erbfolgekrieg die Anlage eroberten. Nicht mehr bewohnt, verfiel die Anlage. Der geschichtsträchtigen Burg nahmen sich die Pappenheimer mit der Gründung des Burgenvereins in den 1960er-Jahren an und bemühen sich um deren Erhalt. Besucht werden können der historische Kräutergarten, das Naturjagd- und das Historische Museum sowie die Greifvogelflugschauen. Die gastronomische Einrichtung kann für Festlichkeiten gebucht werden. Zu besonderen Anlässen werden Ritterturniere organisiert.

Burg Pappenheim

Schloss Pfaffendorf

96126 Pfaffendorf/
Markt Maroldsweisach
Landkreis Haßberge

In der Ortsmitte von Pfaffendorf, nordwestlich von Ebern, befindet sich das Schloss der Herren von Stein zum Altenstein, ein altes Vasallengeschlecht der Würzburger. Diese verlegten in der ersten Hälfte des 16. Jahrhunderts ihren Wohnsitz hierher. Es war Klaus Ludwig von Stein, der das Schloss 1703 erbaute. Von 1760 bis 1763 erhielt es sein heutiges Aussehen und ging mit dem Aussterben der Familie an die Freiherren von Grumelius über. Der Orden der Englischen Fräulein aus Aschaffenburg erwarb es 1925 und richtete ein Internat ein. Von 1939 bis 1945 war es Aussiedlungslager und nach dem Zweiten Weltkrieg Altersheim für die Schwestern der Englischen Fräulein. Im Jahre 1954 erwarb es der St.-Johannes-Zweigverein Aschaffenburg. Heute ist hier ein Jugendhilfezentrum der Salesianer Don Boscos untergebracht.

Schloss Plankenfels

95515 Plankenfels
Landkreis Bayreuth

Das Schloss liegt auf einem Dolomitfelsen über der linken Talseite der oberen Wiesent in der Fränkischen Schweiz, südwestlich von Bayreuth. Die heutige Schlossanlage besteht aus zwei Hauptgebäuden, die durch einen zweigeschossigen Zwischenbau mit Satteldach verbunden sind. Die Herren von Plankenfels wurden urkundlich mit Konrad von Plankenfels erstmals im Jahre

Schloss Pfaffendorf

1255 genannt und die Burg im Jahre 1403. Später im Besitz des Jörg von Plankenfels als Lehen der Burggrafen von Nürnberg, ging sie mit deren Aussterben um 1486 als Lehen an die Herren von Wichsenstein, die hier 1505 genannt wurden. Wie viele Burgen und Schlösser fiel auch dieses 1525 dem Bauernkrieg zum Opfer. Die noch vorhandenen Gebäude sind 1549 von Ernst von Wichsenstein an Ernst von Rüssenbach verkauft worden. Eine Neugestaltung erfolgte in den Jahren von 1554 bis 1556. Nach dem Aussterben der von Rüssenbach wird 1573 Hans Gilg von Laineck mit dem Schloss belehnt. Weitere Besitzer wechselten in der Folge, 1629 die Herren von Lüschwitz zu Glashütte, 1649 die Herren von Schlammersdorf, deren freies Eigentum es 1786 wurde, aber im gleichen Jahr an die Freifrau Johanna Sophia Christine von Egloffstein ging. Die Anlage befindet sich seit 1881 in bürgerlichem Besitz.

Schloss Plankenfels

Schloss Pleinfeld

Schloss Pleinfeld

91785 Pleinfeld
Landkreis
Weißenburg-Gunzenhausen

Nordwestlich von Weißenburg steht im Ort Pleinfeld die einfache zweiflügelige Anlage, deren Kern wohl mittelalterlich ist. In ihrer heutigen Erscheinung stammt sie vermutlich aus dem 17./18. Jahrhundert. Das Schloss beherbergt das Haus des Gastes und eine Bücherei sowie das Heimat- und Brauereimuseum, in dem gezeigt wird, wie man früher in der Pleinfelder Gegend mit Bier umgegangen ist. Sehenswert weiterhin sind ein Tante-Emma-Laden und Trachten aus dem 19. Jahrhundert. Allerdings ist das Museum nur nach Voranmeldung bei der Touristinformation im Rathaus zugänglich.

Schloss Weißenstein

96178 Pommersfelden
Landkreis Bamberg

Pommersfelden liegt im Steigerwald, südlich von Bamberg und nördlich von Höchstadt an der Aisch. Lothar Franz von Schönborn ließ das, wie es heißt, großartigste der fränkischen Schlösser von den Architekten und Baumeistern Johann Dientzenhofer, Maximilian von Welsch und Lukas von Hildebrand erbauen und gab ihm den Namen Weißenstein. Er war Fürstbischof von Bamberg und Mainz sowie Politiker und Kunstfreund. Von 1711 bis 1718 entstand das Barockschloss, das als Sommersitz und Jagdschloss genutzt wurde, dem von 1717 bis 1721 der Marstall folgte. Das Schloss repräsentiert die fürstliche Lebenshaltung der damaligen Herren mit den Prunkräumen und der Galerie Alter Meister. Hervorzuheben ist die Treppenanlage und der als Grotte gestaltete Gartensaal im Erdgeschoss des Mittelpavillons. Hugo Damian und Franz Erwein von Schönborn wandelten von 1786 bis 1832 den barocken Garten, der ursprünglich in fünf Terrassen gegliedert war, in einen englischen Schlossgarten um. Heute ist es ein großer idyllischer Landschaftspark, in dem sich Damwild frei bewegt. Vielfältige Veranstaltungen erfreuen sich großer Beliebtheit.

Schloss Weißenstein, Pommersfelden

Burg Pottenstein

91278 Pottenstein

Landkreis Bayreuth

Oben: Burg Pottenstein, Grundriss

Unten: Burg Pottenstein

Südwestlich von Bayreuth, in der Fränkischen Schweiz, hoch über der Stadt auf einem Felsplateau, liegt die älteste Burg in dieser Region. Sie ist eine von den Freiherren von Wintzingerode bewohnte 1000-jährige Burganlage. Erbaut wurde sie durch Botho von Kärnten um 1060 und war seit dem frühen 12. Jahrhundert im bambergischen Besitz. Landgräfin Elisabeth von Thüringen hielt sich hier 1228 auf. 1553 wurde die Burg zerstört und 1580/81 das Schütthaus neu gebaut. Nur über mächtige Stützbögen gelangt man zur Oberburg. Eine Sonderausstellung zur heiligen Elisabeth und ein idyllischer Burggarten sowie vielfältige Veranstaltungen und Sonderausstellungen entschädigen für den beschwerlichen Aufstieg. Seit 2008 ist eine Ferienwohnung eingerichtet.

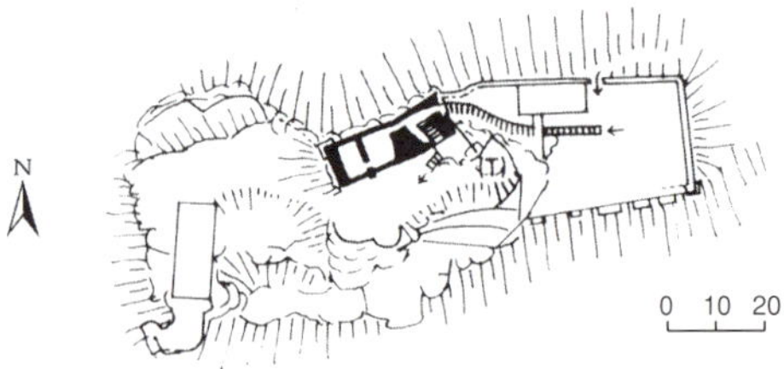

Schloss Pretzfeld

91362 Pretzfeld
Landkreis Forchheim

Nordöstlich von Forchheim liegt Pretzfeld, dessen Vorgängerbau sich seit 1390 im Besitz der Stibar zu Buttenheim befand. Als die Anlage im Bauernkrieg zerstört wurde, entstand sie bald wieder neu. Ihr zweiflügeliger Wohnbau wurde jedoch erst im 16. Jahrhundert errichtet. Der südliche Teil ist mit Strebepfeilern und Eckerker und der nördliche mit Treppentürmchen versehen. Durch die Seinsheim wurde die Kapelle wohl nach Übernahme des Schlosses 1762 gebaut, ein schlichter Bau mit einbezogenem Chor und feinem Rokokoaltar. Die in ländlicher Renaissance mit erhaltenem Bering gestaltete malerische, im Privatbesitz befindliche Anlage verzückt so manchen Besucher. Heute beherbergt sie eine Malerei- und Papierwerkstatt und ein Atelier.

Oben und unten: Schloss Pretzfeld

Schloss Rammersdorf

91578 Rammersdorf/ Leutershausen
Landkreis Ansbach

Das Schloss, gelegen westlich von Ansbach und nördlich von Leutershausen, befindet sich seit 1571 im Besitz der Freiherren von Eyb. Der Barockbau entstand 1713 bis 1715 nach den Plänen von Gabriel de Gabrieli, beauftragt vom markgräflichen Baumeister Johann Georg Schmidt. Das einstige Wasserschloss, früher Vogelsburg genannt, stellt einen dreigeschossigen Walmdachbau mit Dachreiter und wel-

Schloss Rammersdorf

scher Haube dar und ist von Mauern und Graben umgeben. Das Haus wird noch heute von den Nachfahren der Familie Eyb bewohnt und ist nicht zu besichtigen.

Schloss Reichenberg

97234 Reichenberg

Landkreis Würzburg

Reichenberg ist südlich von Würzburg zu finden. Nachgewiesen wurde bereits 1223/24 ein Rittergeschlecht von Reichenberg. Die damalige Burg ging 1271 von den Seinsheim an die Hohenlohe über und gelangte 1345 an das Hochstift Würzburg, im Jahre 1376 an die Herren von Wolfskeel. Nach der Verwüstung im Bauernkrieg wurde die Burg wieder instand gesetzt. Im 17. Jahrhundert erfolgte der Umbau zum Schloss mit dem heutigen Aussehen. Ein Ausbau erfolgte im 19. Jahrhundert. Heute zeigt sich der Gesamtbau als dreieckiger Bering mit zwei Wohnbauten und Treppengiebeln, die einen Innenhof umschließen. Ein Fachwerkobergeschoss mit einem Erker bezeichnet das Jahr 1615. Das Schloss ist im Privatbesitz und nicht zugänglich.

Schloss Reichenberg

Schloss Reichenschwand

91244 Reichenschwand

Landkreis Nürnberger Land

Reichenschwand liegt an der B 14 zwischen Lauf a. d. Pegnitz und Hersbruck. Das Schloss ist der Nachfolgebau einer um 1300 von den Herren von Stralenfels erbauten Wasserburg. Die vier Türme stammen noch aus dieser Zeit und sind die letzten Zeugen dieser ehemals mächtigen Wehranlage. 1312 wurde sie erstmals erwähnt und war bis

1464 im Besitz der von Stralenfels. Bis zum Jahre 1531 lebte auf der Burg der Ritter Ulrich von Ratz und hatte auch die Gerichtsbarkeit im Bezirk. 1515 erwarb der Kaufherr Bonaventura I. von Furtenbach die Burg, ließ sie 1531 niederreißen und errichtete ein Schloss. Kein Geringerer als Kaiser Karl V. kam bei seinem Getreuen 1548 zu Besuch. Als Bonaventura I. starb, hinterließ er das Erbe seinem Enkel Bonaventura II. Während des Dreißigjährigen Krieges fiel 1633 das Schloss in Schutt und Asche. Johann Wilhelm von Furtenbach und seine Nachfahren bauten zwischen 1700 und 1770 ein völlig neues Schloss, ließen die Gräben zuschütten und einen Brunnen anlegen. Während der Feldzüge Napoleons verkauften diese Herren das Schloss an den Königlich Bayerischen Oberpostdirektor von Axthelm, der es bereits dreizehn Jahre später an den Ritter Franz Otto von Stranski veräußerte. Der Architekt Prof. Karl Alexander von Heideloff baute für die Ritter das Schloss um. Danach ging es an den Fürsten Adolf Wilhelm von Wrede. 1854 bekam das Schloss mit Christian Thon einen neuen Eigentümer. Durch ihn und seine Nachfolger bekam die Fassade ein bemerkenswertes neugotisches Aussehen, und die Ecktürmchen sowie die Vorderfront wurden mit Zinnen versehen. Als der spätere Besitzer 1975 das Schloss aufgab, wurde es vom St.-Johannis-Konvent genutzt. Die Schlossgebäude und Außenanlagen wurden 1985 umge-

Schloss Reichenschwand

Schloss Reichenschwand

baut und restauriert. Heute befindet sich hier das Schlosshotel Reichenschwand. Gern werden hier Hochzeiten und andere private oder gesellschaftliche Feierlichkeiten ausgerichtet. Der Schlosspark befindet sich in einem gepflegten Zustand und ist mit seltenen Bäumen und Sträuchern bepflanzt.

Schloss Reichmannsdorf

Schloss Reichmannsdorf

96132 Reichmannsdorf/ Schlüsselfeld
Landkreis Bamberg

Fürstbischof Lothar Franz von Schönborn ließ sich von 1714 bis 1719 durch Johann Dientzenhofer, unter Beteiligung des Bauherrn Wolf Philipp von Schrottenberg, die heutige stattliche zweigeschossige Dreiflügelanlage mit Mitteltrakt und Risalit in Reichmannsdorf, nordöstlich von Schlüsselfeld, erbauen. Der Hof dieser vornehm wirkenden Gesamtanlage ist durch Mauern und ein Portal geschlossen. Die vorzügliche Stuckierung im Treppenhaus ist von Johann Christian Beuntner, geziert mit Gemälden von Johann Jakob Gebhard. Die Anlage ist rückwärtig von einem Park begrenzt. Der hier untergebrachte Golfclub Schloss Reichmannsdorf e. V. heißt sowohl Anfänger als auch Fortgeschrittene willkommen.

Schloss Reitzenstein

95188 Reitzenstein/Issigau
Landkreis Hof

Nahe der thüringischen Grenze, südöstlich von Bad Lobenstein und 15 Kilometer von Hof entfernt, ist der alte Reitzensteiner Stammsitz aus dem Jahre 1325 zu finden. Als zu dieser Zeit die Freiherren von Reitzenstein erstmalig urkundlich erwähnt wurden, hatte die Anlage dieses Aussehen noch nicht. Die französisch-neubarocken Formen bekam das Schloss erst 1894 bei seiner Umgestaltung und Erweiterung. Im Kern geht es auf die Zeit von 1740 bis 1765 zurück. So anziehend wie dieses Märchenschlösschen auch ist, kann es leider nicht besichtigt werden, da es sich im Privatbesitz befindet.

Schloss Rentweinsdorf

96184 Rentweinsdorf
Landkreis Haßberge

Südlich von Ebern liegt die vom Bauherren Johann Friedrich Freiherr von Rotenhan in Auftrag gegebene Dreiflügelanlage. Der Bau nach Plänen des Ansbacher Architekten Johann David Steingruber wurde 1751 begonnen. Bereits 1752 stand der Nordflügel und nur vier Jahre später, von 1754 bis 1756, wurde der Haupttrakt errichtet. Unter Mitwirkung

Oben: Schloss Reitzenstein

Unten: Schloss Rentweinsdorf

von Johann Michael Küchel als Architekt wurde von 1765 bis 1766 der Südflügel erstellt. Dem Schloss zugehörig ist ein weitläufiger, um 1800 im englischen Stil angelegter Park mit einer Orangerie, die von 1773 bis 1774 nach einem Plan des Seehofer Gärtners Johann Baptist Jakob geschaffen wurde. Das gepflegte Anwesen ist noch heute in den Händen der Freiherren von Rotenhan.

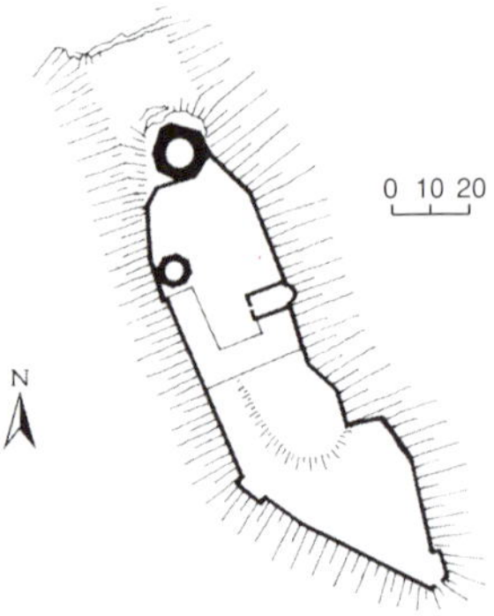

Burg Rieneck, Grundriss

Burg Rieneck

97794 Rieneck

Main-Spessart-Kreis

Die Burg im gleichnamigen Ort, heute als Bildungs- und Erholungswerk des Verbandes Christlicher Pfadfinder genutzt und Wahrzeichen von Rieneck, liegt nordwestlich von Gemünden am Main. Adolf von Loon und Rieneck wirkte 1108 als Burggraf von Mainz auf dem Anwesen, doch von seiner Stammburg blieb nichts erhalten. Die heutige Burg entstand im Wesentlichen um 1170 durch Ludwig I. und seinen Sohn Gerhard I. Unter ihnen entstand der „Dicke Turm“ und unter Gerhard II. und Ludwig II. um 1200 der „Dünne Turm“ und die Kapelle. Als Mitbesitzer zogen 1333 die Erzbi-

Burg Rieneck

schöfe von Mainz und die Herren von Hanau auf der Burg ein. Als das Grafengeschlecht 1559 erlosch, fiel sie an das Erzbistum Mainz. Die Anlage wird durch einen lang gezogenen Bering und im Norden an der Angriffsseite durch einen mächtigen romanischen Bergfried geschützt. 1815 ging der Besitz an Bayern über. Die Wohngebäude wurden nach 1860 neugotisch umgebaut. Im gleichen Jahr übernahm Prof. Franz Rinecker den Besitz, dem 1929 der Schriftsteller Walter Bloem folgte. Durch beide gab es massive Veränderungen an der Anlage. Der Verband Christlicher Pfadfinder und Pfadfinderinnen e. V. erwarb die Burg 1959. Sie wird deshalb im Volksmund auch als „Burg der Pfadfinder" bezeichnet.

Burg Rieneck

Schloss Grumbach

97222 Rimpar

Landkreis Würzburg

Nördlich von Würzburg errichtete man im 14. Jahrhundert in Rimpar eine Burg und im 15./16. Jahrhundert wurde diese zur dreiflügeligen Schlossanlage umgebaut. Bereits 1371 wurden erstmals die Herren von Grumbach genannt, die 1603 in Rimpar ausstarben. Während des Bauernkrieges 1525 wurde das Schloss zerstört und bald darauf wieder aufgebaut. Das Hochstift Würzburg kaufte 1593 das Schloss unter Fürstbischof Julius Echter von Mespelbrunn und nutzte es als Landesresidenz und Sommersitz. Nach der Säkularisation ging es im Jahre 1803 an das Kurfürstentum, das

Schloss Grumbach, Rimpar

spätere Königreich Bayern. Doch schon von 1806 bis 1973 war es Sitz des Forstamtes Gramschatz. 1980 gründete sich der Freundschaftskreis Schloss Grumbach e.V. und im Jahre 2000 wurde das Archäologische und das Bäckerei-Museum eröffnet. Im Hauptgeschoss wurden zwei Säle von Bischof Julius Echter eingerichtet. Der große Saal mit kassettenartiger Gipsdecke wird von sechs toskanischen Säulen getragen und an den Wänden befindet sich ein breiter Figurenfries in Stuck mit Szenen aus der antiken Geschichte.

Schloss Grumbach, Rimpar

Schloss Crailsheim

97348 Rödelsee
Landkreis Kitzingen

An den Hängen des Schwanberges im Weinort Rödelsee, östlich von Kitzingen, sind die im 12. Jahrhundert bezeugten Güter des Klosters St. Stephan beurkundet. Die Dorfherrschaft nahmen als Ganerben zu Beginn Castell-Rüdenhausen, Kloster Ebrach und die Crailsheim wahr. Spätere Lehnsträger waren die Fuchs von Rödelsee, die im 13. Jahrhundert belegt sind, danach die Wenk-

heim, die Berlichingen, Heßberg und Crailsheim. Der hier als Schloss Crailsheim bezeichnete lang gestreckte, zweistöckige Bau mit Volutengiebel wurde um 1600 für die Freiherren erbaut. Das von zwei Löwen geschmückte Hoftor stammt aus der Zeit um 1800. Heute befindet sich im Schloss eine Winzergenossenschaft und Besucher sind zu einer Weinverköstigung auf das Herzlichste eingeladen.

Schloss Crailsheim, Rödelsee

Schloss Schwanberg

97348 Rödelsee

Landkreis Kitzingen

Schloss „Swaneberk" wurde am westlichen Ausläufer des Steigerwaldes, östlich von Kitzingen bei Rödelsee, gebaut und 1230 erstmals urkundlich erwähnt. Die Anlage von Schwanberg wurde 1525 im Bauernkrieg und 1633 im Dreißigjährigen Krieg niedergebrannt. Im 17. Jahrhundert wieder aufgebaut, ging sie in den Besitz des Würzburger Fürstbischofs Julius Echter von Mespelbrunn über. Nach der Säkularisation 1803 waren wechselnde Besitzer zu verzeichnen, darunter Jean Dern, der es zu einem Treffpunkt fränkischer Dichter machte. Alexander Graf zu Castell-Rüdenhausen erwarb 1911 den Besitz und ließ den Park anlegen. Radulf Graf zu Castell-Rüdenhausen verpachtete im Erbbaurecht das Schloss 1957 an die Communität Casteller Ring, die aus einer Gebetsgemeinschaft christlicher Pfadfinderinnen im nahen Castell hervorgegangen war. Erhalten blieben nur Wohngebäude mit Treppenturm vom 16. bis 18. Jahrhundert. Genutzt wird das Schloss als Tagungsstätte, Gästehaus und Geistliches Zentrum

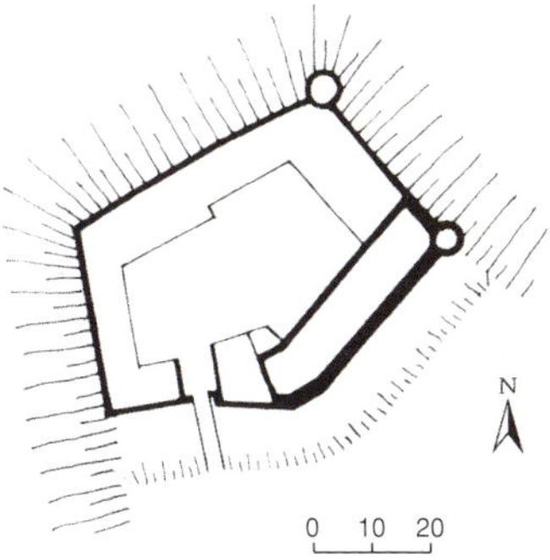

Schloss Schwanberg, Rödelsee, Grundriss

Schloss Schwanberg, Rödelsee

Schwanberg. Im Vorbereich der Anlage lädt ein Café ein und zur aktiven Erholung gibt es unzählige beschilderte Wanderwege.

Schloss Rosenau

96472 Rödental

Landkreis Coburg

In landschaftlich herrlicher Lage, zwischen Coburg und Neustadt bei Coburg, bauten im 14. Jahrhundert die „Edelherren von Rosenawe“ eine Burg am dort befindlichen Ritterteich. Seit dem 15. Jahrhundert bis 1698 besaßen die Münzmeister von Rosenau sie. Herzog Franz Friedrich Anton von Sachsen-Coburg-Gotha erwarb 1805 den Rittersitz. Ihm folgte Herzog Ernst I. von Sachsen-Coburg-Saalfeld, der das im Kern mittelalterliche Schloss von 1808 bis

Schloss Rosenau, Rödental

Schloss Rosenau, Rödental, Garten

1817 durch Karl Friedrich Schinkel im neugotischen Stil umgestalten ließ. Die Möbel und Spiegel sowie weitere Gegenstände, unter anderem einen runden Marmortisch, ein Geschenk von Fürst Metternich, brachte er von seiner Teilnahme am Wiener Kongress mit. Schloss Rosenau wurde ausschließlich als Sommerresidenz der Coburger Herzöge genutzt, deren Gäste oft die englische Queen Victoria mit ihrem Gemahl Prinz Albert waren. Der weitläufige, gepflegte Landschaftspark mit seinen vielen Bauten, Parkrestaurant und Caféteria, Orangerie, das Museum für Modernes Glas, das einen Neubau erhält, bieten den Besuchern Ruhe und Geborgenheit. Im Zuge der Rekonstruktion der Gesamtanlage entdeckte man einen Eiskeller aus den Jugendjahren von Prinz Albert, dem späteren Prinzgemahl der englischen Königin. Im Schloss Rosenau wurde der Spross aus dem Herzogshaus Sachsen-Coburg-Gotha geboren.

Schloss Römershag

97769 Römershag/
Bad Brückenau
Landkreis Bad Kissingen

Nordöstlich der Stadt Bad Brückenau führt in Römershag eine Brücke über die Sinn zum Schloss. Die Vorgängeranlage wurde erstmals 1324 als fuldasches Lehen erwähnt und ging 1692 durch den Freiherrn von der Tann an die Fürstabtei Fulda zurück. Der einfach wirkende zweiflügelige Renaissancebau, dessen West- und Nordflügel zu einer unregelmäßigen Dreiflügelanlage erweitert wurden, wurde 1729 für Fürstabt Adolf

Schloss Römershag, Römershag

von Dalberg erbaut. Im Nordflügel befand sich die Hauskapelle, die heutige katholische Kirche St. Benedikt. Ein ansehnliches Treppenhaus mit Bandwerkstuck um das Jahr 1730 ist im Südteil des Westflügels vorzufinden. Das Schloss wird als Alten- und Pflegeheim genutzt.

Schloss Röthenbach

95659 Röthenbach/ Arzberg

Landkreis Wunsiedel

Ein reizvoll anmutendes Schloss, das nordöstlich von Marktredwitz und westlich angrenzend an Arzberg, nahe der tschechischen Grenze zu finden ist. Es entstand für Jobst Heinrich von Schirnding von 1559 bis 1561 ein zweigeschossiger Zweiflügelbau auf hakenförmigem Grundriss, in dessen Winkel ein runder Treppenturm eingestellt wurde. Der Hof ist nach Süden offen. Die Treppengiebel und die der Schmalseiten sind aus der Zeit der Romantik, wohl um die Mitte des 19. Jahrhunderts.

Schloss Röthenbach, Röthenbach

Die bemalte Balkendecke im Inneren stammt aus der Bauzeit, die Stuckdecken sind in die Zeit um 1750 bis 1760 einzuordnen. Von 1981 bis 1984 wurde das Schloss umfassend restauriert. Es befindet sich im Privatbesitz der Familie von Waldenfels und ist für die Öffentlichkeit nicht zugänglich.

Schloss Roßbach

Schloss Roßbach

97799 Roßbach/Markt Zeitlofs
Landkreis Bad Kissingen

Roßbach liegt südwestlich von Bad Brückenau und südlich von Zeitlofs, am östlichen Ausläufer des Bayerischen Spessart. Das zweiflügelige Schloss ist seit Ende des 14. Jahrhunderts im Besitz der Freiherren von Thüngen. Die Flügel liegen im rechten Winkel zueinander und sind durch einen Zwischenbau verbunden. Phil. Heinrich von Thüngen ließ den älteren Westtrakt von 1615 errichten und der Ostflügel entstand Anfang des 18. Jahrhunderts unter Sigismund von Thüngen. Dem Westtrakt ist ein Treppenturm unter einer Kuppelhaube vorgelagert und über dem Portal befindet sich das Thüngen-Wappen. Die Anlage ist nicht frei zugänglich.

Wasserschloss

97638 Roßrieth/Mellrichstadt
Landkreis Rhön-Grabfeld

Östlich von Mellrichstadt erreicht man nach acht Kilometern den kleinen Ort mit seinem Schloss. Die ehemalige Wasserburg wurde auf Fundamenten des 14. Jahrhunderts Ende des 16. Jahrhunderts erneuert. So entstand von 1563 bis 1586 das Schloss für die Freiherren von Bibra. Schon weit früher saßen hier die Rosseriet, die Mansfeld, die Stetelingen und die von Thüngen. Bereits 1345 wird ein „Conrad de Rosseriet“ urkundlich genannt. Diesen Herrschaften folgten nach 1681 die Herren von Grappenheim und 1768 die Freiherren von Stein. Letztere verkauften das Schloss an die Landessiedlung und von dieser ging es wiederum in Privatbesitz über. Die malerische Anlage ist noch rings von einem breiten

Wasserschloss Roßrieth

Wassergraben umgeben. Der Unterbau entstand 1563, dagegen die Obergeschosse wohl erst nach 1586 für die Freiherren von Bibra. Die Anlage stellt sich mit zwei Flügeln im rechten Winkel und mit zwei Ecktürmen und Torturm zum Schutz der Brücke dar. Besonders eindrucksvoll hebt sich das Fachwerk von der Fassade ab und hofseits des Westflügels steht ein Treppenturm mit schöner freier Spindeltreppe. Die imposante Anlage ist nur von außen zu besichtigen.

Schloss Ratibor, Roth

Schloss Ratibor

91154 Roth

Landkreis Roth

Schloss Ratibor ist ein Bau der Markgrafen von Brandenburg-Ansbach, zählt zu den besterhaltenen Schlossbauten der deutschen Frührenaissance und liegt inmitten der Kreisstadt Roth. Vermutlich war es Sixt Kornberger aus Ansbach, der von 1535 bis 1538 nach Einführung der Reformation für Georg den Frommen das repräsentative Jagdschloss errichtete, dessen Türme 1585 von Gideon Bacher aus Ulm angefügt wurden. Georg der Fromme hatte den Neubau mit den Einkünften aus seinen schlesischen Besitzungen finanziert, vor allem aus den Fürstentümern Oppeln und Ratibor, und nannte sein hiesiges Schloss, dessen Flügel einen großen Hof umschließen, deshalb „Ratibor an der Retzet“ (Rednitz). Als der letzte Markgraf 1791 abdankte, erwarb Johann Phil. Stieber den Bau für eine Fabrikationsstätte leonischer Drähte. Von 1858 bis 1892 befand sich im Hauptbau der Sitz des Landgerichtes. Der Bau wurde noch im Jahr 1892 privatisiert und neu ausgestattet und dabei der große Hauptsaal wiederhergestellt. Wilhelm von Stieber ließ das Schloss um die Wende zum 20. Jahrhundert von namhaften Künstlern wie Ferdinand Wagner, Rudolf von Seitz, Friedrich Wanderer und Conradin Walther im Stile der deutschen und italienischen Spätrenaissance umgestalten. Sehenswert sind der kunstvolle Stuck im marmornen Treppenhaus sowie die intarsienreiche Holzverkleidung im Kaminzimmer und der beeindruckende Prunksaal mit Deckengemälde. Das Schloss ging 1942 als Geschenk an die Stadt, die später ein Museum einrichtete. Der ehemalige Marstall dient als Bücherei und Stadtarchiv. Im Ostflügel wurde die Touristinformation untergebracht und im Hauptgebäude befindet sich ein Restaurant.

Mainzer Jagdschloss

63860 Rothenbuch

Landkreis Aschaffenburg

Auf halber Strecke zwischen Aschaffenburg und Lohr am Main, nahe der B 26, ist Rothenbuch zu finden. Das Schloss inmitten des Ortes wurde 1318 erstmals in einer Urkunde erwähnt. Die heutige Gestalt bekam die Vierflügelanlage 1567 vom Kurmainzer Erzbischof Daniel Brendel von Homburg. Sie umschließt einen rechteckigen Innenhof mit Arkaden im Ostflügel und polygonalem Treppenturm am Nordflügel. Auf ein ehemaliges Wasserschloss verweisen die Umfassungsmauern und die beiden Zugangsbrücken. Nachdem es zwei Jahrhunderte zentraler Verwaltungssitz der Spessart-Region war, ging das Schloss 1994 in den Besitz der Familie Lenhardt über,

Mainzer Jagdschloss, Rothenbuch

Mainzer Jagdschloss, Rothenbuch

die 1996 ein Schlosshotel eröffnete und mit vielfältigen Veranstaltungen überrascht, so unter anderem durch ein Abenteuerprogramm mit den Spessart-Räubern, Ritteressen sowie Sauna- und Wellnessangeboten.

Topplerschlösschen

91541 Rothenburg ob der Tauber
Landkreis Ansbach

Der ehemalige Bürgermeister von Rothenburg, Heinrich Toppler, erfüllte sich einen Traum, als er im Jahre 1386 im wildromantischen Taubertal unterhalb der Stadt Rothenburg neben der Fuchsmühle ein Grundstück erwarb, um sich hier eine kleine „Veste" mit dicken Mauern, Wassergraben und Zugbrücke zu bauen. Doch wurde ihm vorgeschrieben, „einen steinernen Sitz zwei Gaden hoch und ein Haus darauf bauen". Heute fehlt dem sogenannten Topplerschlösschen die Zugbrücke. Man erzählt sich, dass Toppler auf seinem Anwesen mit seinem Freund König Wenzel bei schwerem Frankenwein und beim Würfelspiel die Nächte durchzecht habe, und bezichtigte ihn der Bereicherung und des Verrates. Am 13. Juni 1408, nach undurchsichtiger Prozessführung, wurde Toppler enthauptet. Das Schlösschen, in dem ein kleines Museum besichtigt werden kann, das der jetzige Besitzer Heinz Boas mit alten Möbeln und Geräten eingerichtet hat, wechselte in der Folge bis 1861 mehrmals den Besitzer.

Burg Rothenfels

97851 Rothenfels
Main-Spessart-Kreis

Die auf einem hohen Felssporn über der Stadt, nördlich von Marktheidenfeld und am östlichen Rande des Bayerischen Spessart, stehende Burg wurde 1148 wahrscheinlich vom Neustädter Klostervogt Marquard von Grumbach gegründet, der sich 1160 Marquardus de Rotenvels nannte. Die typisch klassische Adelsburg war seit Mitte des 14. Jahrhunderts Amtssitz des Hochstiftes Würzburg und fiel mit dem Aussterben der Grumbacher an die Grafen von Rieneck. Gegen das Erzstift Mainz gerichtet, wurde sie 1243 und 1333 Grenzfeste der Würzburger Fürstbischöfe. Fürstbischof Rudolf von Scherenberg ließ 1474 die Burg im Stil der Spätgotik umbauen. 1525 wurde sie im Bauernkrieg beschädigt. Unter Fürstbischof Julius Echter von Mespelbrunn hat man um 1600 von Hexenprozessen und einem Kerkergefängnis berichtet. Die Fürsten von Löwenstein zogen nach der Säkularisation im Jahreswechsel 1802/03 auf der Burg ein. Sie gaben sie 1919 an die katholische Jugendbewegung „Verein der Quickbornfreunde" weiter, die die Anlage zu einem Tagungs- und Veran-

Oben: Topplerschlösschen, Rothenburg ob der Tauber
Unten: Burg Rothenfels

Burg Rothenfels

staltungszentrum umgestalteten. Der Theologe Romano Guardini erfüllte von 1927 bis 1939 die Burg mit Leben, bis die Nationalsozialisten hier ein Flüchtlingslager einrichteten. Im Jahre 1951 ging die Anlage an den alten Träger zurück und wurde wieder christliches Tagungshaus und eine beliebte Jugendherberge.

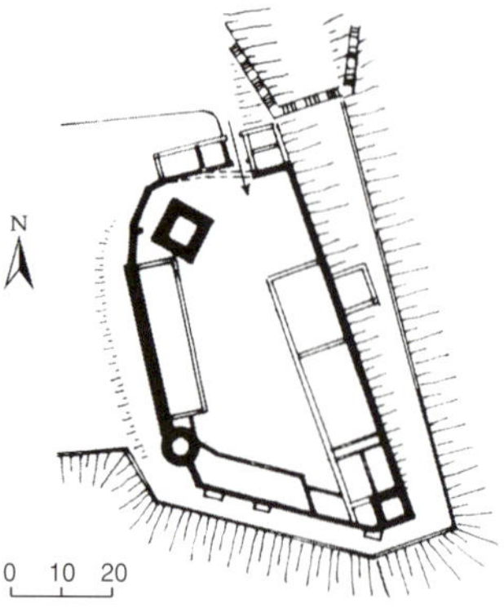

Burg Rothenfels, Grundriss

Schloss Rudolphstein

95180 Rudolphstein/Berg

Landkreis Hof

Rudolphstein liegt unmittelbar an der Grenze zu Thüringen, südöstlich von Bad Lobenstein und nordöstlich von Bad Steben. Das Schloss mit vorgelagertem geräumigem Wirtschaftshof ist ein unregelmäßiger gewinkelter Bau mit Treppenturm, dessen östlicher Teil aus dem 15. und der westliche Teil sowie der Turm wohl aus dem 16./17. Jahrhundert stammt. Das Anwesen ist im Privatbesitz und nicht zugänglich.

Altes und Neues Schloss

97355 Rüdenhausen

Landkreis Kitzingen

Um 1258 wurde erstmals das Anwesen im Castell'schen Besitz erwähnt, welches in Rüdenhausen, östlich von Kitzingen und am westlichen Ausläufer des Naturparks Steigerwald, liegt. Nach mehrfachem Besitzerwechsel kam das **Alte Schloss** ab 1577 an die Linie Castell-Rüdenhausen. Es ist eine malerische ehemalige Wasseranlage des 14. bis 16. Jahrhunderts mit polygonalem Bering und zwei Flankentürmen

Schloss Rudolphstein

sowie einigen charakteristischen Zimmern des frühen 16. Jahrhunderts im Innern. Ab 1909 erfolgten ständige Erweiterungen und Restaurierungen. Das **Neue Schloss** von 1803 bis 1807 ist ein von Baudirektor Brocard um 1840 bis 1850 umgebauter klassizistischer Bau. Beide Schlösser befinden sich im Besitz der Fürsten Castell-Rüdenhausen und sind nicht zu besichtigen.

Neues Schloss, Rüdenhausen

Wasserschloss
91622 Rügland
Landkreis Ansbach

Nördlich von Ansbach steht im Ort Rügland die 1137 erstmals urkundlich erwähnte Anlage. Die Herren von Vestenberg waren ab 1298 Besitzer der kleinen Wasserburg, die Hanns von Vestenberg 1584 an seinen Vetter Ernst von Crailsheim verkaufte. Im Jahre 1611 wurde der Nordflügel (Altes Schloss) gebaut, den Mittel- und Südflügel des „Neuen Schlosses" errichtete ab 1714 Carl Friedrich von Zocha. Die hufeisenförmige Anlage mit vorgelagertem Wirtschaftstrakt ist zum Park hin offen. Der Mitteltrakt besitzt hofseitig einen Risalit und Balkon, im Zwerchgiebel ein Allianzwappen. Im Innern bemerkenswerte Stuckdecken, davon im Nordtrakt schwerer italienischer Stuck der zweiten Hälfte des 17. Jahrhunderts. Die Parkanlage ist ausgestattet mit mythologischen Sandsteinskulpturen. Freiherr von Crailsheim-Rügland öffnet sein Schloss zur Besichtigung des Crailsheimer Familienmuseums nach telefonischer Anmeldung.

Wasserschloss, Rügland

Kurfürstliches Schloss „Weyberhöfe"
63877 Sailauf
Landkreis Aschaffenburg

Die Kurfürsten von Mainz ließen im Jahre 1265 das ehemalige Jagdschloss mitten im Rhein-Main-Gebiet, nahe der Zentren Aschaffenburg und Frankfurt, in einem großen Naturpark erbauen. Es war das erste von vier durch Fürstbischof Werner von Eppstein im Spessart erbauten Jagdschlössern. In ihm verstarb er 1284. Im sogenannten Markgräfler Krieg wurde das Schlösschen 1552 niedergebrannt und von Kurfürst Daniel Brendel von Homburg 1557 neu errichtet. Die Anlage war jahrzehntelang Sitz des „Zehntgrafen vorm Spessart". Kaufmann Edmund Weber renovierte von 1993 bis 1995 das landwirtschaftliche Hofgut und wandelte es in eine Hotelanlage um. Heute ist das Schloss mit seinem Hotelbetrieb eine moderne Oase der Erholung mit Sauna, Dampfbad, Wintergartenpool im Park und einem schönen Schlossgarten.

Schloss Schauenstein

95197 Schauenstein

Landkreis Hof

Schauenstein liegt nördlich von Helmbrechts, direkt am östlichen Ausläufer des Naturparks Frankenwald. Die Burg wurde um 1222 von Otto I. von Schauenstein erbaut, der sich nach seiner neuen Eigenburg „von Schauenstein" nannte. Doch bereits vor Otto I. von Schauenstein wurde urkundlich ein Bruder Heinrich I. von Schaumberg erwähnt. Der Erbauer der Burg war Ministeriale der Herzöge von Meranien und starb 1237, wonach sein Sohn Eberhard I. von Schauenstein das Erbe antrat. Dessen Söhne wiederum, Heinrich III. und Tudo von Schauenstein, besaßen die Anlage bis 1271, dann erbte die Tochter Heinrichs III. Burg und Gericht zu Schauenstein. Durch Vermählung mit Konrad von Wolfstriegel ging der Besitz in dieses Geschlecht über. Heute befindet sich in den Räumen des Schlosses, wie es jetzt genannt wird, ein Feuerwehr- und Heimatmuseum.

Oben: Kurfürstliches Schloss „Weyberhöfe", Sailauf
Mitte: Kurfürstliches Schloss „Weyberhöfe", Sailauf Torhaus
Unten: Schloss Schauenstein

Schloss Schwarzenberg

91443 Scheinfeld
Landkreis Neustadt an der Aisch-Bad Windsheim

Eine sehenswerte, im Laufe der Jahrhunderte veränderte Burganlage der Grafen zu Castell, die um 1150 ihre erste Erwähnung fand. Sie ist zu finden im Steigerwald, nordwestlich von Neustadt an der Aisch. Die Familie der Seinsheim war von 1385 an im Besitz der Burg. Im Jahre 1607 wurde die Anlage durch Brand größtenteils zerstört und unter Graf Wolfgang Jacob von Schwarzenberg zu Hohenlandsberg von 1607 bis 1618 als Renaissanceschloss neu errichtet. 1654 wurde der baufällige Palas in der Westecke ausgebaut und bis 1668 die Innenausstattung abgeschlossen. An der Stelle des Bergfrieds wurde von 1671 bis 1674 der Schwarze Turm nach Plänen von Melchior Beck und Wilhelm Schneider gebaut. Die parkartige Gartenanlage im Schlosshof wurde von Johann Adolf II. von Schwarzenberg und seinem Sohn Adolf Josef im französischen Stil geplant und ausgeführt. Im Zeitraum von 1880 bis 1908 ließen sie fremdländische Gehölze aus aller Welt und heimische Baumarten anpflanzen. Inzwischen sind diese Bäume zu eindrucksvollen Exemplaren herangewachsen. Anlässlich des 50-jährigen Thronjubiläums von Kaiser Franz Josef I. von Österreich/Ungarn im Jahre 1898 wurden die beiden großen Mammutbäume vor dem Schlosseingang als einjährige Sämlinge gepflanzt. Das heutige Schloss beherbergt die Mathilde-Zimmer-Stiftung, das Landschulheim Schloss Schwarzenberg e. V., eine Real- und Fachoberschule sowie ein Internat für Knaben und Mädchen.

Schloss Schwarzenberg, Scheinfeld

Giechburg

96110 Scheßlitz
Landkreis Bamberg

Südlich der Stadt Scheßlitz, auf einem Felskegel gelegen, ist die Burg weithin sichtbar. 1125 wird die Anlage erstmals urkundlich genannt und fünf Jahre später ein Graf Rapoto von Giech erwähnt. Seine Tochter brachte durch Heirat die Burg an den Grafen Poppo von Andechs-Plassenburg. 1390 ging sie in den Besitz des Hochstiftes Bamberg über, das sie bis zur Säkularisation ununterbrochen innehatte. Im Jahre 1430 zerstörten Hussiten die Giechburg, die durch Fürstbischof Anton von Rotenhan wiederaufgebaut wurde, doch 1525 steckten sie aufständische Bauern in Brand und 1533 wurde die Burg im Markgrafenkrieg von Markgraf Alcibiades erneut in Mitleidenschaft gezogen. Um 1600 baute sie Fürstbischof Philipp von Gebsattel zu einer Bergfestung aus. Danach erlebte die späte Höhenburg, die im Dreißigjährigen Krieg von den Schweden nicht eingenommen werden konnte, ihre Glanzzeit, bis sie letztlich an Bedeutung verlor und nach der Säkularisation im Jahr 1802 immer mehr verfiel. 1971 erwarb der Landkreis Bamberg die in herrlicher

Giechburg, Scheßlitz

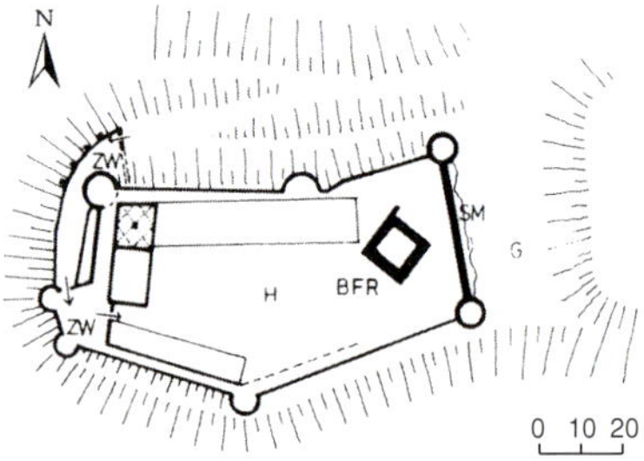

Giechburg, Scheßlitz, Grundriss

fränkischer Landschaft liegende Giechburg und gab sie 1974 für die Öffentlichkeit frei. Der mächtige viereckige Bergfried, in dem wechselnde Ausstellungen stattfinden, ist das älteste Bauwerk aus dem 13. Jahrhundert. Nördlich und westlich ist ein Zwinger vorgelagert und die Ringmauer stammt noch aus dem Mittelalter. In einem der sanierten Bauten sind ein Hotel und eine gastronomische Einrichtung untergebracht.

Schloss Schillingsfürst

91583 Schillingsfürst

Landkreis Ansbach

Das Schloss liegt beherrschend auf der höchsten Erhebung der Frankenhöhe über dem Luftkurort Schillingsfürst, zwischen Feuchtwangen und Rothenburg ob der Tauber. Hier stand zur Zeit Kaiser Ottos III. um das Jahr 1000 bereits eine mächtige Burganlage, die jahrhundertelang Sitz der Grafen und Fürsten zu Hohenlohe-Schillingsfürst gewesen ist und auch heute noch von der fürstlichen Familie bewohnt wird. Nachdem im Jahr 1316, danach im Bauernkrieg 1525 und im Dreißigjährigen Krieg 1632 die Burg erobert und schließlich niedergebrannt wurde, entstand

Schloss Schillingsfürst

in den Jahren 1723 bis 1750 das Schloss. Fürst Philipp Ernst zu Hohenlohe-Schillingsfürst ließ es vom Darmstädter Hofbaumeister Louis Rémy de la Fosse im spanischen Barockstil errichten. Fürst Chlodwig, der bekannteste Spross aus dem Hause, schlug bereits in jungen Jahren die politische Laufbahn ein und machte sich einen Namen als bayrischer Ministerpräsident, besonders aber als deutscher Reichskanzler von 1894 bis 1900. Heute stehen die Prunkräume zur Besichtigung offen und weitere Räumlichkeiten können für Hochzeiten und Feiern gebucht werden. Des Weiteren werden Konzerte und Sonderführungen organisiert. Im Jagdfalkenhof werden Flugschauen der Greifvögel geboten. Zur Stärkung laden gastronomische Einrichtungen ein.

Schloss Schillingsfürst

Schloss Gattendorf

95185 Schlossgattendorf/ Gattendorf

Landkreis Hof

Das 1702 erbaute Schloss für Wolf Christoph von Schmidt liegt östlich von Hof. Es ist ein lang gestreckter Trakt mit zwei Geschossen, wird als Hotel betrieben und von einer parkähnlichen Anlage gesäumt. Bereits im 12. und 13. Jahrhundert wurde die Burg Gattendorf als reichsunmittelbare Grenzfestung des königlichen Regnitzlandes erbaut, deren Erwähnung in einer Urkunde von 1234 nachweisbar ist. Sie wurde im 16. Jahrhundert erneuert und brannte 1895 zur Ruine nieder. Wolf Christoph von Schmidt kaufte 1700 die Burg und funktionierte sie zu einem Brauhaus um. Zugleich begann er mit der Errichtung eines barocken Schlosses. Nach Ersuchen bei Markgraf Georg Wilhelm, mit Gattendorf belehnt zu werden, bekam er 1712 den Lehnsbrief

Schloss Gattendorf, Schlossgattendorf

ausgestellt. Im Jahre 1895 brannte das Mansarddach nieder und wurde verändert wiederhergestellt. 1959 erhielt es die ursprüngliche Form zurück.

Schloss Schmölz

96328 Schmölz/Markt Küps
Landkreis Kronach

Das zierliche, doch imposante Schlösschen liegt südwestlich von Kronach. Mehrere Urkunden dokumentieren die zahlreichen Namen, die der Anlage im Laufe der Zeit gegeben wurden. Die Freiherren von Redwitz saßen hier als Schloss- und Gutsherren und Wolfram von Redwitz erhielt durch seine Frau Gertrud im 14. Jahrhundert hier seinen ersten Besitz. Das alte Schloss wurde im Bauernkrieg 1525 zerstört und 1536 das neue Schloss errichtet. Im Jahre 1861 verkaufte der Dichter Oskar von Redwitz den Besitz an die Freiherren von Egloffstein. Ein gründlicher Umbau der Anlage war ihnen jedoch aus finanziellen Gründen nicht möglich. Der Westflügel mit den Türmen stammt aus dem Jahre 1502, der Südflügel wurde von 1855 bis 1857 in neugotischen Formen nach Plänen von Jakob Schmitt-Friederich errichtet. Die Familie Prümer erwarb 1972 die zweiflügelige Anlage mit zwei runden Ecktürmen. Deren Tochter Gabriele von Mansbach bewohnt es heute noch und betreibt hier ein gemütliches Café.

Schloss Schnabelwaid

91289 Schnabelwaid
Landkreis Bayreuth

Südlich von Bayreuth und nördlich von Pegnitz liegt Schnabelwaid und am östlichen Ortsrand im Talgrund das Schloss. Die ers-

Schloss Schmölz

te Erwähnung von Schloss und Veste zu der Schnabelweide, einer Art Wasserburg, geht auf das Jahr 1402 zurück. Ende des 16. und Anfang des 17. Jahrhunderts entstand ein Neubau mit den beiden zweigeschossigen Flügeln und mächtigem, dreigeschossigem, von achtseitiger welscher Haube bekröntem Rundturm, der einst von einem Wassergraben umgeben war. Im Innenhof ergänzte ein Treppenturm das Gesamtbild. Im Jahre 1633 wurde das Schloss in ländlicher Spätrenaissancearchitektur beschädigt. Der Gesamteindruck wurde durch den Abbruch der beiden Wirtschaftsflügel im 19. Jahrhundert weiter zerstört. Die Anlage ist in Privatbesitz und nicht zugänglich.

Schloss Schnabelwaid

Festung Rothenberg, Schnaittach

Festung Rothenberg

91220 Schnaittach

Landkreis Nürnberger Land

Hoch oben auf dem Rothenberg, auf einer östlich der Stadt nach drei Seiten steil abfallenden Bergzunge gelegen, wurde um 1330 eine Burg gebaut, die 1401 von König Ruprecht den Böhmen abgenommen wurde. Fränkische Ritter als Ganerben erwarben 1478 die Burg und bauten sie zur Veste Rothenberg aus. Die Festung ging 1662 an Bayern, wobei die pfälzische Landeshoheit beibehalten wurde. Kurfürst Karl Albrecht ließ von 1729 bis 1743 unter dem Oberstingenieur Peter de Coquille einen Neubau in barocker Form als Festungsbau aufführen. Von 1753 bis 1767 erfolgten weitere Veränderungen unter seinem Nachfolger Claude de Rozart nach dem Muster französischer Festungen. Die unregelmäßige Grundrissbildung als sechszackiger Stern war durch die topografischen Voraussetzungen bestimmt. Im Jahre 1838 beschloss König Ludwig I. von Bayern den Verkauf auf Abbruch. Seit 1966 bemüht sich der Freistaat, den Verfall der Anlage aufzuhalten.

Schloss Schney

96215 Schney/Lichtenfels

Landkreis Lichtenfels

Der nördlich von Lichtenfels gelegene Ortsteil Schney liegt in idyllischer Umgebung. Das im Bauernkrieg niedergebrannte Schloss wurde im Jahre 1537/38 wiederaufgebaut. Von 1680 bis 1690 erfolgten größere Umbauarbeiten, die auch einen häufi-

Schloss Schney, Schney

Schloss Schney, Schney

gen Wechel der Besitzer zur Folge hatten, zu denen auch der Marschalk von Schaumberg zählte. In dieser Zeit entstanden auch die Wehranlagen, die im 19. Jahrhundert abgerissen wurden. Im Jahre 1951 richtete man im dreigeschossigen, mit Walmdach gedeckten Schloss die Franken-Akademie ein, eine gemeinnützige Bildungsstätte für Jugendliche und Erwachsene. Heute ist das Schloss mit seiner Gartenanlage ein Hotel, in dem auch Seminare durchgeführt werden.

Schloss Mainberg

97453 Schonungen

Landkreis Schweinfurt

3 km östlich von Schweinfurt in den Weinbergen gelegen, ist das Schloss, dessen erstmalige Erwähnung in das Jahr 1245 fällt, weithin sichtbar. Im 13. Jahrhundert hatte hier bereits eine Burg der Herren von Wildenberg gestanden, die später an die Herren von Gründlach und 1503 an die Grafen von Barby verkauft wurde. 1505 waren die Grafen von Henneberg Besitzer der Anlage. Sie gaben bis 1542 der zum Schloss umgestalteten Burg, nach den Zerstörungen im Bauernkrieg, das heutige Erscheinungsbild. Danach hatten das Schloss bis 1802, über 300 Jahre, die Fürstbischö-

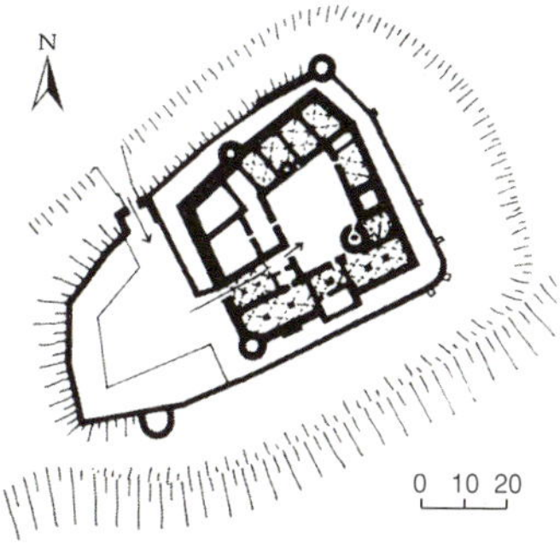

Schloss Mainberg, Schonungen, Grundriss

Schloss Mainberg, Schonungen

fe von Würzburg im Besitz. Von da ab war es bis heute überwiegend in Privatbesitz. Zu den Eigentümern zählten der Fabrikant Wilhelm Sattler, A. Erbslöh, der Fabrikant Ernst Sachs sowie Wilhelm und Antonie Heger. Im 18. und 19. Jahrhundert wurde die Anlage umfassend restauriert. Nach Renovierungen in den Jahren 1982 und 2005 wird das Schloss heute für öffentliche und private Veranstaltungen genutzt. Die Besitzerin vermietet Gästewohnungen und bietet Führungen an.

Schloss Geyersberg, Seßlach

Schloss Geyersberg

96145 Seßlach

Landkreis Coburg

Eine Burg wurde im 12. Jahrhundert auf dem Geiersberg südlich von Coburg errichtet, die 1154 im Besitz des Hugo von Sezzela war. Ein knappes Jahrhundert später, 1249, wurde sie zerstört. Die Um- und Neubauten des heute bestehenden Turms wurden zwischen 1600 und 1620 getätigt. Die Geyersberger Linie starb 1671 aus und danach ging die Burg an die

Freiherren von Lichtenstein-Lahm. An den von seinen Feinden getöteten Ritter Christian von Lichtenstein erinnert ein Felsen, der „Christenstein“, gelegen zwischen Wiesen und Heilgersdorf. Ludwig von Lichtenstein ließ die Burg 1818 restaurieren und verkaufte gezwungenermaßen den gesamten Besitz an Heinrich August Bernhard von Pawel-Rammingen. Dessen Nachfolger ließ den Turm verkürzen und den oberen Zinnenkranz im Sinne der romantischen Neugotik anbringen sowie den Park anlegen. Das Schloss ist privat und nicht begehbar.

Altes und Neues Schloss

91245 Simmelsdorf

Landkreis Nürnberger Land

Die beiden Schlösser liegen nördlich von Schnaittach. Das **Alte Schloss** war ursprünglich eine Wasserburg, im Kern aus dem 14. Jahrhundert. Es lag einst inmitten eines Weihers auf einer Insel. Die heutige Erscheinung des quadratischen Baus mit Fachwerkobergeschoss und hohem Halbwalmdach, vier Ecktürmchen und Treppenturm ist im Wesentlichen auf das 15. und 16. Jahrhundert zurückzuführen. Eine weitere Umgestaltung erfolgte 1848. Das **Neue Schloss** zeigt sich dem Betrachter als gotisierender Bau mit Treppengiebel aus der Zeit von 1844/45. Es wurde 1877 und 1894 erweitert. Der Besitz gehört zur Lorenz-Tucher-Stiftung und kann nicht besichtigt werden.

Wasserschloss

91595 Sommersdorf/ Burgoberbach

Landkreis Ansbach

Das Wasserschloss gehörte vermutlich ursprünglich zu den Besitzungen des Benediktinerklosters Herrieden und ist südlich von Ansbach zu finden. Im Jahre 888 fiel der Besitz an das Bistum Eichstätt. Die Burg wurde Anfang des 13. Jahrhunderts erbaut und 1208 im Zusammenhang mit einem Geradus de Sunnemannesdorff erstmals erwähnt. Conrad von Nassenfels erwarb 1314 das

Neues Schloss, Simmelsdorf

Wasserschloss, Sommersdorf

Rittergut, das er 1317 aufgrund von Streitigkeiten an Marquart von Nageln abtreten musste. Ritter Ludwig von Eyb war 1380 der neue Besitzer und 1550 verkaufte Hans Christof von Eyb Sommersdorf an seinen Schwager Wolf von Crailsheim zu Neuhaus, von dessen Nachkommen es heute noch bewohnt wird. Die Burg ist ein überregional bedeutendes Beispiel einer Ganerbenburg des ausgehenden Mittelalters und bedeutendster Profanbau des Gebietes. Noch heute rätseln Gelehrte und Wissenschaftler über die Herkunft der „Mumien von Sommersdorf“, die in einer Gruft liegen. Die in zwei Bauten untergliederte Wasserburg zeigt den viergeschossigen Nordflügel, das „Neue Schloss“, das im Innern den gotischen Rittersaal birgt, und den Südflügel, „Altes Schloss“, der zur Mitte des 19. Jahrhunderts um ein Geschoss abgetragen wurde. Am Zugang zur Kernburg wacht an einer Brücke ein runder, das Schloss überragender Torturm. Die umfangreiche Vorburg mit dem Käsperle-Turm wurde bereits 1468 angelegt. Restaurierungen erfolgten in den Jahren von 1952 bis 1957. Der Baron von Crailsheim vermietet Zimmer im herrschaftlichen Ambiente.

Schloss Spielberg

91728 Spielberg/
Markt Gnotzheim
Landkreis
Weißenburg-Gunzenhausen

In beherrschender Lage am nordwestlichen Ausläufer des Naturparks Altmühltal, nordwestlich von Treuchtlingen, auf einer steil abfallenden Kuppe des Hahnenkamms ist Schloss Spielberg zu finden. Es ist eine ovale Anlage mit westlichem Zwinger des spä-

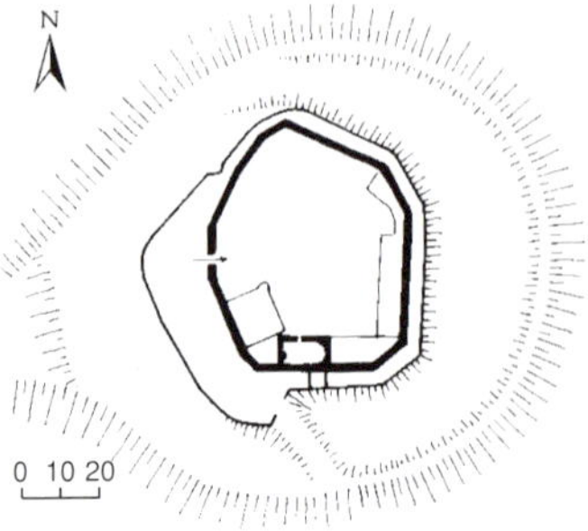

Schloss Spielberg, Grundriss

ten 14. und frühen 15. Jahrhunderts. Sie besitzt einen mächtigen dreigeschossigen Wohnbau mit polygonalem Erker. Barock zeigen sich die Wirtschaftsgebäude an der Ostseite des Berings. Im Ostteil liegt die Schlosskapelle St. Johannes. Der Besitzer öffnet sein Schloss für Führungen ab fünf Personen und die Skulpturen des Künstlers können sonntags besichtigt werden.

Schloss Spielberg

Burgruine Henneburg

97909 Stadtprozelten

Landkreis Miltenberg

Die Burg und zugehörige Talsiedlung sind im 12. Jahrhundert entstanden. In das Jahr 1227 fällt die erste urkundliche Erwähnung als Burg Prozelten, die auf einer Bergzunge über dem Main zwischen Miltenberg und Wertheim liegt. In der ersten Hälfte des 12. Jahrhunderts befand sich die Burg im Besitz der Grafen von Prozelten. Ab 1280 war sie Ganerbenburg und ging danach an die Grafen von Wertheim und ihre Erbtöchter. 1320 erwarb der Deutsche Orden die Burg, der sie durch Vergrößerung und Anpassung der Anlage an den Kampf mit Feuerwaffen zur Festung ausbaute. Bis zur Auflösung der Kommende 1483 entstanden der Palas und kleine Bergfried und ab da wurde sie Henneburg genannt. Bis 1688 diente die Burg als Amtssitz und noch im gleichen Jahr zerstörten die Franzosen die Anlage während des Pfälzischen Erbfolgekrieges. Ab 1704 galt die Burg als ruinös. König Ludwig I. von Bayern ließ

Ruine Henneburg, Stadtprozelten

1840 umfassende Sicherungsarbeiten an der schon verfallenen Burg vornehmen. Der nach Norden gerichtete Bergfried besteht aus kräftigen Buckelquadern aus der zweiten Hälfte des 12. Jahrhunderts. Der ursprünglich frühgotische Palas an der Ostseite, die Haupträume im 3. Geschoss und Teile der Kapelle sind wohl in die Mitte des 13. Jahrhunderts einzuordnen. Die Anlage ist eine der schönsten Burgruinen Süddeutschlands.

Schloss Sternberg

97528 Sternberg im Grabfeld/ Sulzdorf a. d. Lederhecke

Landkreis Rhön-Grabfeld

Nahe der Thüringer Grenze steht auf dem Büchelberg, südöstlich von Bad Königshofen, das Barockschloss, eines der bedeutendsten Bauwerke Nordfrankens, auch Gralsburg des Grabfelds genannt. Im Jahre 948 wird mit Wolfhart von Sternberg die Anlage erstmals urkundlich erwähnt. Seit dem 12. Jahrhundert ist sie hennebergischer Besitz, als Lehen des Hochstifts Eichstätt, und 1354 an Würzburg verkauft. Das Schloss wurde 1667 bis 1669 für Wolf Dietrich Truchsess von Wetzhausen und Eva Rosina von Schönborn durch den Kapuzinerpater Matthias von Saarburg, einen für die Schönborn tätigen Minoriten, erbaut. Seit dem 16. Jahrhundert war es im Besitz dieses Geschlechtes und ging später durch Kauf an Johann Gottfried von Guttenberg. Der Rückkauf erfolgte 1695 durch Wolf Dietrich von Wetzhausen. Ab 1839 übernahm das

Schloss Sternberg, Sternberg im Grabfeld

Schloss Stöckach

Schloss Herzog Ernst I. von Sachsen-Coburg-Gotha bis zu seinem Tod im Jahre 1846. Danach waren fünfzig Jahre die Freiherrn von Deuster Eigentümer des Schlosses. Heute ist es Sitz der Christlichen Brüdergemeinde und wird im Sinne des in der Schweiz lebenden Menschenfreundes F. L. A. Freytag, der Schloss Sternberg 1933 kaufte, weitergeführt.

Schloss Stöckach

97494 Stöckach/Bundorf

Landkreis Haßberge

An einem Seitenbach der Baunach, wenige Kilometer nördlich von Hofheim in Unterfranken, liegt Stöckach mit seinem Schloss. Es gehörte zum Hochstift Würzburg und ging als Lehen durch die Hände vieler Adelsgeschlechter, so der Zollnern von Rottenstein, Fuchs von Schweinshaupten und 1723 der Freiherrn von Hettersdorf. General Drachdorf kaufte 1798 den Besitz und nach ihm übernahmen die Hutten zu Stolzenburg das Schloss. Ab 1908 war der Petersberger Gesandte, Freiherr von Grunelius, Besitzer der einflügeligen, zweigeschossigen Anlage mit Freitreppe und Balusterbrüstung. Ein Ehewappen der Drachdorf-Radetzky befindet sich über dem Eingang. Ab 1935 wurde das Gut in freie Bauernhöfe aufgeteilt. Im Obergeschoss stuckierte Räume mit Supraporten. Die Schlosskapelle stammt aus der Zeit von 1791 bis 1794.

Burgruine Neideck

91346 Streitberg/
Markt Wiesenttal
Landkreis Forchheim

Die Burgruine Neideck im Wiesenttal, nördlich von Ebermannstadt, ist das Wahrzeichen der Fränkischen Schweiz. 1313 wurde sie erstmals unter den Herren von Schlüsselberg erwähnt. Im Jahre 1347 fiel Konrad, der Letzte des Geschlechts, und die Burg wurde Bamberger Amtssitz. Albrecht Alcibiades zerstörte 1553 die ursprünglich dreiteilige Anlage, die jedoch 1571 und 1584 wiederaufgebaut wurde. Der Nachwelt blieben von den beiden Vorhöfen, dem abgerundeten Wohnturm und der Wehrmauer nur Reste erhalten.

Burgruine Neideck, Streitberg

Schloss Strössendorf

96264 Strössendorf/
Altenkunstadt
Landkreis Lichtenfels

Die schöne dreigeschossige Vierflügelanlage um einen engen Lichthof mit Bergfried liegt zwischen Lichtenfels und Burgkunstadt. Nordflügel und Bergfried stammen wohl aus dem 13. Jahrhundert und der Südost- und Nordwestflügel sind spätmittelalterlich. Der Nordflügel mit Giebel in heutiger Erscheinung sowie der Erker am Nordwestflügel entstanden nach der Zerstörung im Bauernkrieg. Der Treppen- und sogenannte Jungfernbau sind von 1660. Der Innenausbau aller Flügelbauten erfolgte von 1736 bis 1770.

Die ersten Anlagen des heutigen Schlosses, zu denen der runde Bergfried und der Nordostflügel zählen, entstanden bereits im 13. Jahrhundert. Im 15. Jahrhundert kamen zwei weitere Flügel und ein Wehrturm hinzu. Die Witwe des letzten Marschalk von Kunstadt verkaufte das Schloss an ihren Schwager Heinz von Schaumberg, dessen Familie bis 1858 in Strössendorf ansässig war. Sie vollendeten den Umbau des Schlosses zu einer Vierflügelanlage. Seit 1858 ist das Anwesen im Besitz derer von Seckendorf-Aberdar.

Schloss Strössendorf

Altes Schloss

91484 Sugenheim
Landkreis Neustadt
a. d. Aisch-Bad Windsheim

Die ehemalige gotische Wasserburg aus dem 14. Jahrhundert steht nahe dem Ortszentrum und wurde mehrfach bis in das 19. Jahrhundert verändert. Das Schloss ist eine Anlage mit vier runden Ecktürmen, im Kern spätmittelalterlich, die in der zweiten Hälfte des 16. Jahrhunderts ausgebaut wurde. Die Türme, einst höher, wurden 1806/07 erniedrigt. Ab 1988 wurde nach umfassender Renovierung neben einer Sammlung von historischen Mili-

Altes Schloss, Sugenheim

taria ein attraktives privates Spielzeugmuseum eingerichtet. Sonderausstellungen sowie Konzerte sind Anziehungspunkte für Besucher. Im Alten Schloss wurde die Ausstellung zunächst von vier Räumen auf dreizehn erweitert, die das Schlossmuseum mit Wohnräumen und die mit gotischem Rippengewölbe gestaltete Hauskapelle einschließen. Das Schlossmuseum zeigt einen Salon und ein Schlafzimmer im Stil des frühen 19. Jahrhunderts mit Biedermeiermöbeln. Weiterhin gibt es in einem Turmzimmer ein „Ostasiatisches Kabinett“, den kleinen Rittersaal mit bemalter Holzdecke. Das ehemalige Forsthaus hält Ferienwohnungen für Architekturbegeisterte bereit. Eine nochmalige Renovierung erfolgte von 1981 bis 1983 durch die Familie Kube.

Wasserschloss Brennhausen

97528 Sulzdorf a. d. Lederhecke
Landkreis Rhön-Grabfeld

Die ehemalige Wasserburg ist im romantisch gelegenen Wiesental zu finden, südöstlich von Bad Königshofen im Naturpark Haßberge. Ihre Entstehung ist in das 13. Jahrhundert zu datieren. Die Flachlandburg besteht aus zwei turmartigen Gebäuden mit je vier Stockwerken. Hier herrschten zwischen 1421 und 1522 die Familien der Truchsesse von Brennhausen. In der zweiten Hälfte des 17. Jahrhunderts wurde der Oberamtmann von Königshofen, Franz Günter, mit der Anlage Brennhausen belehnt und geadelt. Im Jahre 1681 wech-

Wasserschloss Brennhausen, Sulzdorf a. d. Lederhecke

selte der Besitz erneut mit Übereignung durch das Hochstift Würzburg an Hans Kaspar Freiherr von Bibra, dessen Enkel Friedrich Gotthelf Freiherr von Bibra die noch heute bestehende und in der Burg wohnende Linie begründete. Im 17. und 18. Jahrhundert wurde die Burg, deren turmartige Gebäude durch einen schmalen Flügel verbunden sind, restauriert. Die prächtige Burg befindet sich im Privatbesitz und kann nur äußerlich in Augenschein genommen werden.

Schloss Sulzfeld

97633 Sulzfeld

Landkreis Rhön-Grabfeld

Der Ort liegt zwischen Bad Neustadt an der Saale und Bad Königshofen im Grabfeld und war von 1303 bis 1368 hennebergisch. Danach verkauften ihn die Henneberger an das Hochstift Würzburg. 1583 wurde er Sitz des bischöflichen Amtes Wildberg. Der Frührenaissancebau des Schlosses wurde 1526 auf rechteckigem Grundriss errichtet, an dessen Schmalseite zwei Erker hervorspringen. Im Jahre 1728 entstand unter Balthasar Neumanns Einfluss eine ländliche Residenz für die Äbte von Erbach, deren Haupttrakt

Schloss Sulzfeld

durch einen aufgestockten Risalit mit Mansarddach betont wird. Das Schloss ist heute Familienzentrum der Arbeiterwohlfahrt des Kreisverbandes Aachen-Nord.

Schloss Sulzheim

97529 Sulzheim

Landkreis Schweinfurt

Das als Sommersitz und Amtshaus des Klosters Ebrach 1728 erbaute Schloss liegt südlich von Schweinfurt und nördlich von Gerolzhofen. Es ist ein opulenter Bau mit gestrecktem Hauptflügel und Mittelpavillon. Die Querflügel sind zur Straße wenig und zum Garten weit vorspringend. Eine trapezförmige Treppenanlage dominiert den Zugang zum Schloss. Die Deckengemälde

Schloss Sulzheim

Schloss Tambach

und Stuckaturen im Innern sind aus der Zeit um 1728 und die Zimmer mit Rokokotapeten um 1750. Im Schloss werden Feierlichkeiten nach Wunsch ausgerichtet.

Schloss Tambach

96479 Tambach/Weitramsdorf

Landkreis Coburg

Wenige Kilometer südwestlich von Coburg liegt Tambach mit seinem Schloss und Wildpark. Der barocke Schlossbau wurde von 1697 bis 1700 von Leonhard Dientzenhofer als Sommerresidenz der Langheimer Äbte und der Grafen zu Ortenburg erbaut. Er wurde um einen Nebenflügel erweitert und der Mitteltrakt von 1780 bis 1786 durch Lorenz Fink ausgebaut. Rechts von der

Einfahrt befindet sich das zweiläufige Treppenhaus und links die Schlosskirche St. Maria. Das Schloss aus dem 17. Jahrhundert ist eine Zweigstelle des Deutschen Jagd- und Fischereimuseums München. Zusammen mit der Ökologischen Bildungsstätte Mitwitz, dem benachbarten Wildpark und dem bayerischen Jagdfalkenhof vermittelt das Schloss einen Einblick in die Welt der Jagd, die heimische Tierwelt, Natur und Umwelt. Beliebt, besonders bei Kindern, sind die Flugvorführungen und verschiedene Veranstaltungen im Schloss und Park.

Schloss Thalheim

Schloss Thalheim

91230 Thalheim/Gem. Happurg
Landkreis Nürnberger Land

Schloss Thalheim mit seinem Schlossgarten liegt südöstlich von Pommelsbrunn. Nachdem ein Hochwasser den früheren Bau zerstört hatte, wurde in den Jahren von 1709 bis 1713 im Auftrag des Nürnberger Patriziers Sigmund Elias Holzschuher, nach Plänen des Nürnberger Landbaumeisters Johann Ullrich Mösel, der zweigeschossige Walmdachbau mit polygonalem Treppenturm errichtet. Das Schloss wird privat genutzt, doch im Sommer ist zu verschiedenen Anlässen der sehenswerte Schlossgarten auch für die Öffentlichkeit geöffnet. Nach einem Großbrand wurde das Schloss wieder restauriert und 2005 mit dem Denkmalpreis des Bezirks Mittelfranken ausgezeichnet.

Schloss Theilheim

97288 Theilheim/ Waigolshausen
Landkreis Schweinfurt

Das Schloss in Theilheim, südöstlich von Werneck, war Obleihgut des Würzburger Domkapitels. Der zweigeschossige Mansardenbau mit doppelläufiger Freitreppe und einem schönen Portal, über dem das Wappen des Erbauers Karl-Heinrich von Erthal angebracht ist, entstand

Schloss Theilheim

um 1750. Am Hofeingang befindet sich ein schönes Balustertor. Das Schloss ist in Privatbesitz, im angrenzenden Gebäude lädt ein gastronomischer Betrieb zur Einkehr ein.

Burgruine Thierstein

95199 Thierstein

Landkreis Wunsiedel

Im heutigen Thierstein, im Naturpark Fichtelgebirge südlich von Selb gelegen, wurde 1343 Albrecht von Nothaft von Wildstein vom Reich mit der Burg belehnt. Seit 1415 war sie im Besitz der Nürnberger Burggrafen, wurde 1553 zerstört und wieder notdürftig hergestellt, bis sie 1725 endgültig abbrannte. Die eindrucksvolle Ruine in beherrschender Lage auf einer Basaltkuppe mitten im Dorf ist weithin sichtbar.

Schloss Thüngen

97289 Thüngen

Landkreis Main-Spessart

Östlich von Karlstadt in Richtung Schweinfurt steht in dem erstmals 788 urkundlich erwähnten Thüngen das herrliche Stammschloss der Freiherren von Thüngen. Annähernd 550 Jahre später, 1366, wurde erstmals ein Thüngener Bürger genannt. Zu den ehemaligen Besitzern zählte auch das Hochstift Würzburg.

Burgruine Thierstein

Schloss Thüngen

Das Schloss ist ein Neubau von 1564 mit dem sogenannten Alten Stock, einem mittelalterlichen Wohnturm. Das Hauptgebäude im Ostteil wurde neugotisch umgebaut und die westliche Hälfte mit Renaissanceformen geziert. Im Jahre 1814 wurde Thüngen während der napoleonischen Kriege dem Königreich Bayern zugesprochen. Die heute noch bestehende Schlossbrauerei wurde 1846 durch Wilhelm, Wolfgang und Hanskarl von Thüngen gegründet. Eine Begehung ist nicht möglich, da sich das Schloss im Privatbesitz befindet.

Schlossbrauerei, Thüngen

Schloss Thundorf

97711 Thundorf i. UFr.

Landkreis Bad Kissingen

Thundorf liegt östlich der Kreisstadt Bad Kissingen. In einer Kaiserurkunde 889 wird es erstmals genannt und ein Rittergeschlecht von Thundorf erwähnt. Von 1317 bis 1354 regierten hier die Henneberger, von 1361 bis 1381 die Herren von Maßbach, die hennebergische Ministerialen waren. Von 1387 bis 1676 ging der Besitz an die Schaumburger, die es an die Freiherren von Rosenbach verkaufen mussten, die es bis zu ihrem Aussterben 1806 besaßen. Der Baube-

Schloss Thundorf, Thundorf i. UFr.

ginn des Schlosses liegt um 1444. Nach dem Bauernkrieg erfolgte der Kirchenanbau. Die Ritterschule zu Thundorf wurde um 1524 von Sylvester von Schaumburg gegründet, der Amtmann zu Münnerstadt war. Der dreigeschossige Bau mit seinen zwei runden Ecktürmen, die von 1749 bis 1756 erneuert wurden, ist im Kern aus den Jahren um 1600. Der einst das Schloss umgebende Wassergraben besteht nur noch an der Westseite und der 1755 angebaute Nordostflügel ist heute die katholische Pfarrkirche. Jährliche Veranstaltungen und vor allem das Pfarrfest mit Schloss- und Seebeleuchtung ziehen zahlreiche Besucher an.

Schloss Thurnau

95349 Thurnau
Landkreis Kulmbach

Dieses umfangreiche, zu den größten und kunsthistorisch wertvollsten Schlössern Frankens zählende Bauwerk, südlich von Kulmbach, wird erstmals 1239 erwähnt, als hier der nördliche Teil der Kemenate, das „Hus uf dem Stein", stand. Errichtet wurde es vom Ritter von Förtsch. Erweiterungen fanden Mitte des 15. Jahrhunderts mit dem Archivbau und dem Storchenbau, der den unteren Schlosshof einfasst, statt. Um 1500 entstand die nördliche Wehrmauer mit nordwestlichem Turm. 1565 geht das Schloss durch Erbfall an die Geschlechter derer von Kindsberg (Künßberg) und Giech. Unter Hans Georg von Giech wird der Ausbau in Renaissanceformen durchgeführt und von 1581 bis 1591 der Südgiebel an der Kemenate, Gebetserker und Treppentürme gebaut. 1675 wird der Wohntrakt des künßbergischen Flügels erweitert und fertiggestellt. Die Familie von Giech kauft den Thurnauer Anteil der Künßberger und in dieser Zeit wird der „Carl-Maximilian-Bau" errichtet. Im 18. Jahrhundert wird der obere Schlosshof geschlossen und nach außen wehrhaft verstärkt. Das Geschlecht der Giech stirbt 1938 aus und das Erbe geht an die Freiherren Hiller von Gaertringen aus Reppersdorf in Schlesien. Im Jahre 1972 wird die Schlossanlage in die Gräflich Giech'sche Spitalstiftung überführt. Zwischen Schloss und Kirche befindet sich eine Verbindungsgalerie mit späterem neugotischem Schnitzwerk, um 1800. Seit 1991 finden im Schloss Tagungen, Hochzeiten, Präsentationen und kulturelle Veranstaltungen statt.

Oben und unten: Schloss Thurnau

Schloss Tretzendorf

97514 Tretzendorf/Oberaurach
Landkreis Haßberge

Der zweigeschossige, einfache Mansarddachbau, von 1768 bis 1772 erbaut vom Katharinenspital zu Bamberg, steht im Ort Tretzendorf südlich von Eltmann. Im heute als Rathaus genutzten Schloss befindet sich auch das Standesamt und im gepflegten Gartenbereich finden wir schöne Teiche. Konzertveranstaltungen im Schlosspark versetzen die Gäste zurück in die Zeit der mittelalterlichen Jagden.

Schloss Tretzendorf

Stadtschloss und Burgruine

91757 Treuchtlingen
Landkreis Weißenburg-Gunzenhausen

Im Zentrum der Stadt steht die 1575 ursprünglich von einem Graben umgebene zweiläufige Anlage, die in den Mauerring der Stadt einbezogen war. Bereits 1147 veräußerte Johann von Seckendorff das Treuchtlinger **Schloss** an die Marschälle von Pappenheim, womit eine Zweiglinie des alten Adelsgeschlechtes „Pappenheim-Treuchtlingen“ begründet wurde. Aus dem frühen Mittelalter ist das Ritter- und Herrschergeschlecht der „Middelburger“ in Treuchtlingen belegt und in einer Verkaufsurkunde des Ritters Ulrich V. 1346 eine „Niedere Veste“ erwähnt. Auch eine „Obere Veste“, die heutige Burgruine, gab es auf dem Schlossberg als Hochburg. Im ehemaligen **Stadtschloss** zu Treuchtlingen wurde 1594 der spätere Marschall und Reitergeneral im Dreißigjährigen Krieg, Gottfried Heinrich Graf zu Pappenheim, geboren, der in der Schlacht von Lützen 1632 fiel. Auf ihn geht das Zitat des Dramas „Wallensteins Tod“ von Friedrich von Schiller zurück: „Daran erkenn ich meine Pappenheimer.“ Im Jahre 1647

Stadtschloss, Treuchtlingen

kam Treuchtlingen, nachdem der letzte Pappenheimer Wolfgang Adam bei Prag in einem Duell gefallen war, an die Markgrafen von Brandenburg-Ansbach und 1791 an die Könige von Preußen. Johann Caspar Aurnhammer ersteigerte 1798 das mit rustizierten Quadern, Volutenbekrönung und Markgrafenwappen versehene Portal, aus dem frühen 17. Jahrhundert stark einsturzgefährdete Schlossgebäude und ließ es für sein 1774 gegründetes Leonisches Posamentenunternehmen restaurieren. Die Erbengemeinschaft Aurnhammer verkaufte 1979 das Schloss an die Stadt. In der rundum verbauten Anlage befinden sich die Aurnhammer-Sammlung und ein Hotel. Im Stadtpark von Treuchtlingen steht ein Marterkreuz zum Gedenken an den Grafen. Das Heimatmuseum ist eine ehemalige Posamentenfabrik und gegenüber dem Schloss untergebracht. In einer Dauerausstellung über die Burgruine Treuchtlingen sind auch interessante Fundstücke von Ausgrabungen, zurück bis in die keltische Geschichte, zu sehen.

Die **Burgruine** „Obere Veste“ aus der ersten Hälfte des 12. Jahrhunderts wurde von der Fördergemeinschaft Burg Treuchtlingen e. V. seit 1974 in zahlreichen Aktionen saniert. Die Ruine ist frei begehbar. An Wochenenden, zu denen die Burgstube geöffnet ist, kann auch der Bergfried erklommen werden. Von dort hat man einen guten Überblick über die Stadt.

Triesdorf

Weißes Schloss und Sommerresidenz

**91746 Triesdorf/
Markt Weidenbach**
Landkreis Ansbach

Das in Triesdorf gelegene **Weiße Schloss**, südöstlich von Ansbach, war die Sommerresidenz der Markgrafen von Ansbach. Begonnen 1682 und nach zahlreichen Erweiterungen bis 1776 entstand das heutige Schloss. Im Ostbereich steht der Hauptbau mit seinem abgesetzten Treppenturm aus dem Jahre 1682 und der zurückgesetzte Verbindungstrakt von 1700/01. Die Galerie geht in ihrer Entstehung in die Zeit von 1713/14 zurück. Johann Ammon gestaltete 1696 die niedrigen Räume des Hauptgebäudes mit reichem und vorzüglichem Stuck. 1654 wurde das gesamte Areal mit einem Holzzaun umfriedet, der 1723 durch eine zwei Meter hohe Backsteinmauer, die sogenannte Rote Mauer, ersetzt wurde, deren Verlauf heute noch erkennbar ist. Goethe brauchte 1797 für ihre Umrundung mehr als zwei Stunden. Untergebracht ist hier die Staatliche Fachakademie für Landwirtschaft.

Die **Sommerresidenz** ist heute Fachschule der Firma Weihenstephan und stellt eine uneinheitliche Gesamtanlage aus verschiedenen Schlossbauten für den Sommer- und Jagdaufenthalt des Ansbacher Hofes dar. Die durch die politischen Verhältnisse erzwungene Sparsamkeit ließ nur bescheidene Bauten zu. Zum Gesamtareal zählten weiterhin ein Kavaliershäuschen, das Rote Schloss als Kaserne für das damals mit 50 Falknern größte Falknercorps in Europa, ein Reithaus und ein Marstall. Des Weiteren ein Jäger- und

Weißes Schloss, Triesdorf

Sommerresidenz, Triesdorf

ein Forsthaus, Hofgärtnerhaus, eine Menagerie, ein Arzthaus, Meiereistadel und die Villa Sandrina mit Gartenpavillon. Die Außenbesichtigung der Anlagen ist möglich.

Schloss Trockau

91257 Trockau/Pegnitz
Landkreis Bayreuth

Der Ursprung von Trockau nordöstlich von Pottenstein ist wohl im 13. Jahrhundert zu finden. Nach zahlreichen Zerstörungen in Kriegen wurden Bautätigkeiten in den Jahren 1499, 1516 und Anfang des 17. Jahrhunderts veranlasst. Die heutige Gestalt des Gebäudes mit drei runden Ecktürmen stammt vom durchgreifenden Umbau der Jahre 1769 bis 1779 durch Wenzel Schwesner. Im nördlichen Turm befindet sich die Schlosskapelle. In der Mitte des Berings liegt das dreigeschossige Schlossgebäude über unregelmäßigem Viereck, dessen östliche Schauseite mit architektonischer Gliederung versehen ist. Ein Dreiecksgiebel mit Rocaillekartusche zeigt die Initialen des Bauherrn Carl Ludwig. Der qualitätsvolle Stuck im Innern ist von Rudolph Albini. Im Vorhof stehen Wirtschaftsgebäude aus dem 18. Jahrhundert. Das Schloss ist im Privatbesitz und nicht zugänglich.

Schloss Trockau

Schloss Trunstadt

96191 Trunstadt/Viereth
Landkreis Bamberg

Trunstadt liegt unmittelbar am Naturpark Haßberge und Steigerwald, westlich von Bamberg. Bereits 1195 wird hier ein Rittergutsbesitzer Drunstadt erwähnt und ab 1432 die Freiherren von Rüsenbach. Die Ersterbauung des Schlosses ist unbekannt, doch zerstört wurde es im Bauernkrieg 1525 und 1552 im Markgrafenkrieg unter Alcibiades. Ernst von Rüsenbach, dessen Wappenstein sich an der Giebelfront des Gebäudes befindet, ließ es 1558 wiederaufbauen. Die Freiherren von Schaumberg bewohnten das Schloss ab 1657 und weitere Besitzer folgten, zu denen der Hofbankier Baron Jakob von Hirsch in der Zeit von 1816 bis 1837 zählte. Nach 1880 ging es in das Eigentum der Gemeinde über und wurde bis 1965 als Rathaus und Schule genutzt. 1987/88 renoviert, nutzt es die Gemeinde weiter und richtete für verschiedene Vereine Räumlichkeiten ein. Heute ist es Sitz des Amts für Landwirtschaft und Forstrevier Trunstadt. Im Schlosshof finden zu verschiedenen Anlässen Veranstaltungen statt.

Schloss Trunstadt

Schloss Franckenstein

91484 Ullstadt/
Markt Sugenheim
Landkreis Neustadt a. d. Aisch-Bad Windsheim

An der Stelle einer Wasserburg entstand von 1718 bis 1725 ein Neubau durch Johann Dientzenhofer in Ullstadt, nordwestlich von Neustadt a. d. Aisch gelegen. Der Bamberger Fürstbischof Philipp Anton von Franckenstein erweiterte mit Johann Michael Küchel von 1747 bis 1750 den schlichten Hauptbau durch Gebäude um den Ehrenhof. Die plastischen Arbeiten

Schloss Franckenstein, Ullstadt

sind vom Hofbildhauer Ferdinand Dietz. Der stattliche Hauptbau um einen engen Lichthof ist zweigeschossig. Die Dachsilhouette wurde im 19. Jahrhundert verändert. Über dem Portal das Eyb-Wappen, die Ecken des Schlosses sind pavillonartig ausgeprägt und die beiden allegorischen Figuren von Krieg und Frieden, 1750 durch Ferdinand Dietz geschaffen, sind in den Nischen der Kopfbauten eingelassen. Die Anlage ist nicht öffentlich zugänglich.

Schloss Unterleinleiter

91364 Unterleinleiter

Landkreis Forchheim

Unterleinleiter findet man nördlich von Ebermannstadt in der Fränkischen Schweiz. Ein erster Hinweis auf die burgähnliche Anlage nennt das Jahr 1380, in dem auch die wechselvolle Geschichte von Schloss und Park begann. Die Familien von Seckendorff-Aberdar besaßen von 1732 bis 1958 die kleine Vierflügelanlage am heutigen Schlossberg, wohl aus dem 16. Jahrhundert. Die heutige Erscheinung mit kargem Rokoko und markgräflichem Einschlag fällt wohl in die Zeit um 1770. Ab 1958 bis 1981 beher-

Schloss Unterleinleiter

bergte das Anwesen ein heilpädagogisches Kinderheim, kurzzeitig abgelöst durch das Rote Kreuz und die Gemeinde. In Privatbesitz kamen Schloss und Park ab 1985 durch Kauf. Der Eigentümer Knut Arndt öffnet den bemerkenswerten Park nach Anmeldung für Besucher und es finden gelegentlich auch Konzerte statt.

Schloss Unterleiterbach

96199 Unterleiterbach/
Markt Zapfendorf
Landkreis Bamberg

Schloss Unterleiterbach

Nördlich von Bamberg, zwischen Zapfendorf und Ebensfeld, liegt das Dorf Unterleiterbach mit seinem Schloss. Hier gab es seit dem 15. Jahrhundert einen älteren Ansitz der Herren von Schaumberg, der 1525 verwüstet und nicht wiederaufgebaut wurde. Ein Neubau entstand von 1737 bis 1739 durch Susanne Elisabeth Gräfin von Brockdorff, eine Erbtochter von Ludwig Ernst von Schaumburg. Sie ließ das neue Schloss als Mitgift für ihre Tochter, eine verehelichte von Hanxleden, durch Justus Heinrich Dientzenhofer errichten.

Dem Besucher zeigt sich eine zweigeschossige Rokokoanlage mit flachem Mittelrisalit und Mansarddach, die seit 1953 im Besitz der Familie Heiss ist, die für die Öffentlichkeit Festlichkeiten und Ausstellungen durchführt. Natürlich fehlen im als Auktionshaus geführten Schloss nicht die erlesenen Antiquitäten. Darüber hinaus werden im Schloss Übernachtungsmöglichkeiten angeboten.

Schloss Untermerzbach

96190 Untermerzbach
Landkreis Haßberge

Untermerzbach liegt nordöstlich von Ebern im Itziggrund an der Grenze zu Oberfranken. Im Mittelalter saß hier das Geschlecht der Merzbach. Später

Schloss Untermerzbach

wurden die Rotenhan durch Heirat Besitzer von Ort und Anwesen, die in der zweiten Hälte des 18. Jahrhunderts in den Grafenstand erhoben wurden. Mit Maximilian starb 1886 diese Adelslinie aus. Kunz II. von Rotenhan, vermählt mit Anna Stein von Altenstein, war der Bauherr des heutigen Schlosses, das auf dem Kern eines Vorgängerbaus von 1534 errichtet wurde. Der dreigeschossige schlichte Bau mit zwei schräg gestellten Ecktürmen zeigt sich in wirkungsvoller Lage auf einer Terrasse mit Freitreppen und Balustraden. Im Jahre 1922 erwarb der Pallottiner-Orden das Schloss und führt es noch heute als Missionsseminar „Herz-Jesu-Heim“. Bezüglich der Innenausstattung ist besonders der Musiksalon mit feinen Rokokostuckaturen hervorzuheben. Im früheren Gartensaal steht die Holzstatue der Himmelskönigin Maria. Das Porträt des Heimgründers wurde von Oscar Kokoschka gemalt und gestiftet. Die Terrassen sind mit Blumen geschmückt und der gepflegte Park lädt zum Verweilen ein.

Schloss Unternschreez

95473 Unternschreez/Haag

Landkreis Bayreuth

Das Schloss ist südlich von Bayreuth zu finden. Unternschreez ging 1265 als Lehen an den Burggrafen Friedrich III. und 1278 an die Nankenreuther. Ein Brand vernichtete 1519 weite Teile des damaligen Wasserschlosses. Im 18. Jahrhundert folgten Erweiterungen, zahlreiche Umbauten im

Schloss Unternschreez

19. Jahrhundert, als es der Freiherr Carl von Seefried auf Buttenheim vor dem Verfall bewahrte. Am Ostflügel der hoflosen Anlage prunkt ein Erker mit nachgotischem Blendmaßwerk von 1541. Aus dem 16. Jahrhundert stammen auch die runden, gedrungenen Ecktürme mit Kegelhauben sowie die niedrigen Nord- und Westtrakte. Der Südflügel ist in die Zeit um 1754 einzuordnen. Der gepflegte Park ist für Besucher geöffnet und gelegentlich werden hier Konzerte und Lichtbildervorträge gegeben. Im Jahre 2005 wurde das Schloss testamentarisch in die Dr.-Alfred-C.-Denig-Stiftung überführt.

Schloss, Veitshöchheim

Schloss und Lustgarten

97209 Veitshöchheim

Landkreis Würzburg

Veitshöchheim mit seinem Lustschloss und prächtigen Rokokogarten liegt unmittelbar nördlich von Würzburg. Im Jahre 1619 erwarb das Hochstift zwei in der Nähe der Pfarrkirche liegende Schlösschen, die Susanne von Echter-Pappenheim gehörten. Das Renaissanceschloss wurde für Fürstbischof Peter Philipp von Dernbach von 1680 bis 1682 durch Heinrich Zimmer nach Plänen des Hofarchitekten Antonio Petrini errichtet. Es wurde als Jagd- und Lusthaus der Fürstbischöfe von Würzburg genutzt. 1702 begann Johann Philipp von Greiffenclau die Umwandlung der Fasanerie in einen Lustgarten mit der Verschönerung der Außenanlage durch Gestaltung eines Blumenparterres, der Auffahrt und Terrassen sowie des Großen Sees. Der Bau der Umfassungsmauer und des Gelben Turmes wurde vollzogen. 1721 ließ Balthasar Neumann die Entsumpfung des südlichen Geländes durchführen und den Kleinen See anlegen. Der erste Bau aus dem 17. Jahrhundert wurde von Balthasar Neumann von 1749 bis 1753 um zwei Seitenflügel erweitert und mit einem Treppenhaus versehen. Unter Adam

Lustgarten, Veitshöchheim

Friedrich von Seinsheim erfolgte 1763 bis 1768 die endgültige Ausgestaltung des Gartens im Sinne des Spätrokoko mit Figurenschmuck und Wasserspielen. Bildhauer Ferdinand Tietz schuf von 1763 bis 1768 die annähernd 200 Skulpturen im Garten. Der östliche Bereich wurde von 1771 bis 1776 bereits im klassizistischen Stil gestaltet. Die bildnerischen Arbeiten stammen von Materno Bossi und Peter Wagner. Die Könige von Bayern, von denen Kronprinz Ludwig von Bayern nach der Säkularisation zum Retter der Gartenanlage wurde, nutzten ab 1814 das Schloss als Sommerresidenz. 1776 hat man den Garten der Öffentlichkeit zugänglich gemacht und 1931/32 das Schloss als Museum eingerichtet. Die Figuren wurden ab 1927 weitgehend durch Kopien ersetzt. Nach dem Ende des letzten Weltkrieges waren schwere Beschädigungen an der Gesamtanlage zu verzeichnen. Im Innenbereich des Schlosses sind die fürstbischöflichen Wohnräume und das 1807/08 eingerichtete Appartement des Großherzogs Ferdinand von Toskana im Empirestil mit seinen originalen Papiertapeten hervorzuheben.

Deutschordensburg

91604 Virnsberg/
Markt Flachslanden
Landkreis Ansbach

Im 12. Jahrhundert wird hier bereits ein Bau der ersten Burganlage vermutet, die nördlich von Ansbach bei Flachslanden zu finden ist. Die Burg steht die Landschaft beherrschend im Herzen der Frankenhöhe, unmittelbar an der alten Hochstraße von Nürnberg nach Rothenburg ob der Tauber, und vereint

Deutschordensburg, Virnsberg

den Typus der Höhenburg mit dem des Wasserschlosses. Im Jahre 1235 wird hier der Sitz der Herren von Vinsberg schriftlich erwähnt. Der Nürnberger Burggraf Konrad V. von Hohenzollern schenkte die Anlage 1294 den Ordensrittern. Komturei war sie bis 1806. Repräsentationsräume und Wohngemächer mit Ausstattung um 1715 findet man im ersten und zweiten Geschoss. Ein barocker Umbau der gesamten Anlage erfolgte ab 1700 und 1806 ging sie in den Besitz Bayerns über. Die Burg wurde 1815 zum Abbruch verkauft. Der Schlossverein Virnsberg bemüht sich intensiv um die Erhaltung der Burg.

Hallburg

97332 Volkach
Landkreis Kitzingen

Volkach am Main mit seiner Hallburg liegt südöstlich von Würzburg und südlich von Schweinfurt. Die Burg wurde 1230 erstmals als castellisch erwähnt und gehörte seit dem späten 14. Jahrhundert den Zollner. Die Anlage besteht aus einem ovalen Bering, einem Bergfried mit der integrierten, rippengewölbten Burgkapelle St. Pankratius, entstanden wohl um das Jahr 1400. Im lang gestreckten Wohnbau des 16. Jahrhunderts, über älterem Kern errichtet, befindet sich heute ein Weinrestaurant.

Hallburg, Volkach

Schloss Vorra

91247 Vorra
Landkreis Nürnberger Land

Vorra liegt nordöstlich von Hersbruck. Im Jahre 1602 errichtete Karl Tetzel an der Stelle eines Bauernhauses einen Herrensitz, der 1780 durch einen Brand zerstört und anschließend als Halbwalmdachbau wiederaufgebaut wurde. 1890 bekam das neue Schloss im Garten seinen Standort, die Nebengebäude und ein großer Gartensaal wurden abgerissen und ein Park mit Weiher an der Stelle der ehemaligen Schlosswiese angelegt. Für die Grotte wurde eine eigene Quelle am Berghang gefasst und in den Park geleitet, die jedoch versiegte. An der Stelle des ehemaligen Turmhelmes ließen die Besitzer eine Bekrönung mit Tiergestalten anbringen, die Terrasse anlegen und Wirtschaftsgebäude errichten. In dem liebevoll angelegten Park fielen 1948 die schönsten und größten Bäume einem Unwetter zum Opfer. Als der letzte Gutsherr, Baron von Ellrichhausen, verstarb, verkaufte seine Witwe den gesamten Besitz der Deutschen Arbeitsfront, die hier eine Gauschule einrichtete. Zum Ende des Krieges war Vorra 1945 von den Amerikanern besetzt, Panzer standen im Schlosspark und unter den Buchen wurde eine Tankstelle betrieben. Als die Amerikaner im November 1945 auszogen, pachtete die Baroness Irmgard von Löffelholz das Schloss zur Errichtung eines Landschulheims mit Internat, das bis 1953 bestand. Im Jahre 1955 wurde der ehemalige Herrensitz vom Schullandheimwerk Mittelfranken e. V. übernommen, für Schulzwecke umgebaut und ausgestattet. 1956 wurde das Schullandheim „Schloss Vorra“ feierlich eröffnet und dient noch heute diesem Zweck.

Schloss Vorra

Schlossruine Wässerndorf

97342 Wässerndorf/ Markt Seinsheim
Landkreis Kitzingen

Wässerndorf, östlich von Ochsenfurt, zählt zu den fränkischen Neusiedlungen aus dem 13. Jahrhundert. In dieser Zeit waren die Ritter von Seinsheim hier ansässig. Im Jahre 1555, nach dem Aussterben der Ritter von Seinsheim, ließ Graf Friedrich von Schwarzenberg das Schloss über Teilen einer älteren Burganlage errichten. Im April 1945 wurde das Schloss von Amerikanern angezündet und brannte bis auf die Grundmauern nieder. Es ist noch heute das Wahrzeichen von Wässerndorf. Die zuerst als Wasserschloss erbaute Anlage mit viereckigem Innenhof war noch von Gebäudeteilen aus dem 13. Jahrhundert umfasst und der vierflügelige Bau mit vier Gie-

Schlossruine Wässerndorf

beln verziert. Das gesamte Areal erhielt eine mächtige Ringmauer, die von acht Türmen, darunter ein schwerer runder Torturm, geschützt wurde. Im Innern wurde ein Zimmer mit imposanten Rankenfresken versehen.

Burg Waischenfeld

91344 Waischenfeld

Landkreis Bayreuth

Der Luftkurort Waischenfeld liegt in der Fränkischen Schweiz, nördlich von Pottenstein. Die Reste einer einst mächtigen Burg mit dem Wehrturm „Steinerner Beutel“ sind das Wahrzeichen des Ortes. Sie liegen 390 m über dem Meeresspiegel im engen Tal der Wiesent. Im Jahre 1315 verlieh König Ludwig der Bayer Waischenfeld das Stadtrecht, als Dank an seinen treuen Waffengefährten, Konrad III. von Schlüsselberg, im Kampf um die deutsche Königskrone. Letzterer

Burg Waischenfeld

Burg Rabeneck, Waischenfeld

ließ die Burg zum Stammsitz ausbauen. Sie ging 1348 an Bamberg. Der Westteil entstand 1518 und der Ostflügel 1754/55. Heute ist die Burg ein Heimatmuseum und Haus des Gastes mit Biergarten, Freilichtbühne, einer Burgschenke sowie einem Lesesaal und Galerie.

Burg Rabeneck

91344 Waischenfeld
Landkreis Bayreuth

Hoch über der Rabenecker Mühle, kühn auf einem Felsvorsprung nordwestlich von Pottenstein, liegt die durch die Schlüsselberger gegründete Burg. Auf Rabeneck saßen bereits solche namhaften Herrschaften wie die Stiebar, Künßberg, Rabenstein und die von Schönborn. Im Bauernkrieg wurde die Burg zerstört und der Torturm gegen Ende des 15. Jahrhunderts neu errichtet. Eine starke Mauer schließt den inneren Burghof ab. Der Wohnbau, dessen untere Mauerteile in das 12./13. Jahrhundert zurückgehen, präsentiert sich dreigeschossig mit Walmdach. Das Obergeschoss wurde in der Zeit

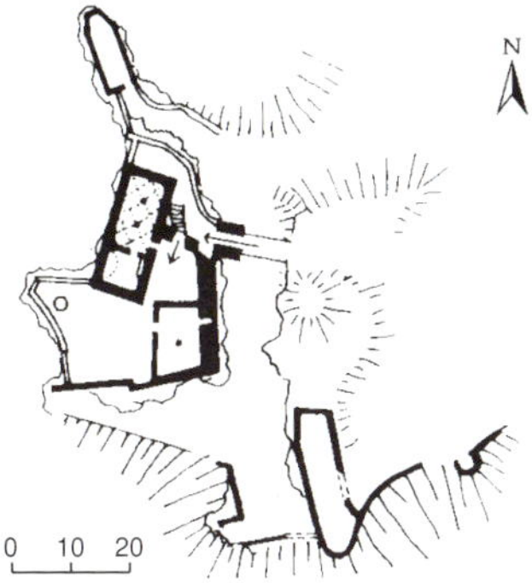

Burg Rabeneck, Waischenfeld, Grundriss

von 1572 bis 1577 zu einer zweiten Kemenate ausgebaut. Zu jeder vollen Stunde werden durch den Burgherrn Führungen vorgenommen und darüber hinaus werden Theateraufführungen, Hochzeiten und Feste ausgerichtet und Übernachtungen in historischen Räumen der Kemenate angeboten.

Schloss Waizenbach

97797 Waizenbach/
Gem. Wartmannsroth
Landkreis Bad Kissingen

Waizenbach liegt nordwestlich von Hammelburg an einem Seitenbach der Saale. Dieses malerische Wasserschloss wurde 1570 durch Dietz von Thüngen erbaut. Wolfgang Dietrich Truchseß von Wetzhausen erwarb die Dreiflügelanlage um 1630. Seine Enkelin Magdalena Regina gründete hier 1753 ein „Adliges Damenstift". Das Schloss ist von polygonalen Kuppeltürmen flankiert. Im Zweiten Weltkrieg erlitt die Anlage, die heute noch als Damenstift genutzt wird, erhebliche Schäden. Die Schlosskapelle dient als katholisches Gotteshaus.

Schloss Wassertrüdingen

91717 Wassertrüdingen
Landkreis Ansbach

Östlich von Dinkelsbühl wurde in Wassertrüdingen auf dem Schlosshügel eine Burg errichtet, die allseitig mit Wassergraben und Ringmauer aus dem 13. Jahrhundert umgeben war. Das ehemalige Markgrafenschloss, einstige Wasserburg und späte-

Schloss Waizenbach

res Schloss der Grafen von Truhendingen, Öttingen und der Markgrafen von Ansbach, ist im Hauptgebäude durch einen gewinkelten Trakt mit dem mittelalterlichen Torbau verbunden. Die Bauten haben keine nennenswerten Architekturformen. Nach einem Brand hatte man von 1687 bis 1690 Erneuerungen und Erweiterungen vorgenommen. Der Innenbereich weist ein aufwändiges Treppenhaus mit gutem Deckenstuck auf. Die Ringmauer und der Torbau entstanden um 1250 und das Hauptgebäude wurde 1688 durch Neu- und Umbau zu einem Repräsentationsgebäude des Spätbarocks gestaltet. Wolfram von Eschenbach war hier oft ein gern gesehener Gast. Heute ist das Schloss ein Heim für Menschen mit Behinderungen.

Schloss Wassertrüdingen

Schloss Frankenberg

97215 Weigenheim

Landkreis Neustadt a. d. Aisch-Bad Windsheim

Am Ausläufer des Naturparks Steigerwald, nordwestlich von Bad Windsheim, thront nördlich von Weigenheim die heutige Schlossanlage. Hier entstand 1254 eine nürnbergische Trutzburg, die in einer ersten Urkunde aus dem gleichen Jahre als stehende Burg durch Burggraf Friedrich den Jüngeren von Nürnberg erwähnt wird. An die Herren von Seinsheim übergeben, war sie gerichtet gegen das würzburgische Hinterfrankenberg. Denen folgten 1284 die Herren von Hohenlohe, die den Besitz 1362

Schloss Frankenberg, Weigenheim

Weigenheim

Schloss Frankenberg, Weigenheim

der Krone Böhmens zu Lehen gaben. 1390 ging das Schloss an die Herren von Seckendorff, die es bereits 1410 an die Herren von Hessberg weiterverkauften. Ab 1460 folgten weitere Eigentümer und 1520 kauften die Brüder Ludwig Georg und Ulrich von Hutten das Schloss. Die Brüder Hutten hatten einen großen Betrag als Sühnegeld für ihren jüngsten Bruder Hans von Hutten erhalten, der 1515 durch den Herzog Ulrich von Württemberg aus Eifersucht ermordet worden war. Dieses Sühnegeld ermöglichte der Familie von Hutten den Neubau des Schlosses ab 1522. Einen vorläufigen Abschluss fand der Bau mit der Vollendung der Vorburg im Jahr 1592, die als Kaserne und Gerichtssaal diente. Diese wurde im 18. Jahrhundert zu Stallungen umgebaut und erhielt eine Schlosskapelle, die sich bis 1764 im Innenhof des Schlosses befunden hatte und einem Brand zum Opfer gefallen war. Im Jahre 1783 erlischt die Linie Hutten-Frankenberg mit dem Tode des Johann Philipp Friedrich Freiherrn von Hutten. Neuer Lehensträger wird Ludwig Carl Freiherr von Poellnitz, Oberstallmeister und Geheimer Minister am markgräflichen Hof in Ansbach. Nach der Neuordnung Europas durch Napoleon geht die Markgrafschaft Ansbach im 1806 entstandenen Königreich Bayern auf. Mit dem Tod der Baroness Marimathild von Poellnitz 1971 erlischt die Linie der Freiherren von Poellnitz-Frankenberg. 1979 erbt ihr Vetter Rudolf Freiherr von Lerchenfeld Frankenberg. Es geht nach seinem Tod im August 1979 an seinen Enkel Carl über. Im Schlosshof werden gelegentlich Feste veranstaltet.

Schloss Weingartsgreuth

96193 Weingartsgreuth/
Markt Wachenroh
Landkreis Erlangen-Höchstadt

Das ehemalige Wasserschloss in Weingartsgreuth liegt nordwestlich von Höchstadt an der Aisch. Der Neubau, ein reizvoller zweigeschossiger Bau mit Hauptflügel und Risalit, wurde gegen 1730 vollzogen. An einer Ecke des Schlossbezirks steht ein runder Turm des alten Schlosses von 1574. Gegenüber dem im Privatbesitz befindlichen Schloss liegt ein Weiher mit baumbestandener Insel. Der Eigentümer, Job Freiherr von Seckendorff-Witzleben, hat eine baugeschichtliche Untersuchung in Auftrag gegeben. Die Anlage präsentiert sich noch heute als geschlossen in ihrer frühbarocken Ausprägung. Für die Nutzung werden gegenwärtig Konzepte erarbeitet.

Schloss Weißenbach

97799 Weißenbach/
Markt Zeitlofs
Landkreis Bad Kissingen

Weißenbach liegt acht Kilometer südwestlich von Bad Brückenau am Fuße des Dreistelberges. Am Ostrand umgibt ein schöner Park mit Fischteichen das Schloss. Erwähnt wird der Ort erstmals im Jahre 1167, als die hiesige Burg im Besitz des Grafen von Steckelberg war. Durch eine Erbschaft kam sie 1328 an die Freiherren von Thüngen und blieb seither in deren Besitz. Fritz von Thüngen hatte 1562 das erste Schloss erbaut und das zweite entstand unter Johann Friedrich von Thüngen um 1689. Das noch heute stehende dritte Schloss, ein zweigeschossiger, einfacher Bau mit Mansarddach, ließ 1784 Generalmajor Friedrich Wilhelm von Thüngen bauen. Im Innern befindet sich ein quadratischer Saal mit reicher Stuckdekoration.

Oben: Schloss Weingartsgreuth

Unten: Schloss Weißenbach

Schloss Weißenbrunn

96106 Weißenbrunn/Ebern

Landkreis Haßberge

Westlich von Ebern in Richtung Haßfurt, nach dem Abzweig an der Straße nach Ebelsbach, liegt Weißenbrunn. Im Hochmittelalter gab es hier den Sitz eines Niederadelsgeschlechts. 1177 erscheint ein Herold von Wizenbrunn in einer Urkunde. In der Folgezeit gehörte die Herrschaft den Herren von Raueneck, den Fuchs und weiteren Besitzern. Das Rittergut in Weißenbrunn erlitt, wie viele andere derartige Bauten, im Bauernkrieg 1525 Beschädigungen, wurde aber bald darauf wiederhergestellt. Der Zeiler Kastner Johann Rudolph Moser verkaufte 1606 das Anwesen an den Generalfeldmarschall-Leutnant Franz Philipp von Boyneburg, dessen Familie bis 1749 hier verblieb. Das Schloss stammt wahrscheinlich aus der Zeit um 1723 und steht vermutlich nicht am gleichen Ort des Vorgängerbaus. Für insgesamt 50 Jahre ging nach 1749 der Herrensitz an die von Oberkamp, worauf ein häufiger Besitzwechsel folgte. Schließlich übernahm 1907 die Familie Schönlau den Gutsbetrieb. Der barocke Landsitz mit seiner schönen Parkanlage befindet sich heute in gutem Zustand und dient nur noch Wohnzwecken.

Schloss Weißenbrunn

Festung Wülzburg

91781 Weißenburg

Landkreis Weißenburg-Gunzenhausen

Im Nordgau liegt in einem weiten Talkessel zwischen der Schwäbischen Rezat und dem Westhang der Südlichen Frankenalb die ehemalige freie Reichsstadt Weißenburg. Die Wülzburg, am Rande der Stadt auf einem hohen Berg gelegen, verkörpert mit ihrer strengen Fünfeckform und den mächtigen Bastionen die Festungsbaukunst der Renaissance in ihrer Vollendung. Das Werk entstand Ende des 16. Jahrhunderts an

der Stelle eines früheren Klosters, das restlos beseitigt wurde. Da die Festung der Ansbacher Markgrafen nie ernsthaft in Kämpfe verwickelt war, haben sich ihre Mauern bis heute bestens erhalten. Die Bergfestung ließ Markgraf Georg Friedrich d. Ä. von Brandenburg-Ansbach als Pendant zur Plassenburg in Oberfranken errichten, um die Südgrenze gegen das katholische Bayern sowie die Bistümer Würzburg und Bamberg zu sichern. Das repräsentative Eingangsportal vor dem Südflügel des Schlosses zieren die Wappen des Bauherrn Markgraf Georg Friedrich von Brandenburg-Ansbach und seiner Gemahlin Sophia von Braunschweig-Lüneburg. Der italienische Graf Rochus zu Lynar entwarf die Pläne für das Wülzburger Schloss im Jahre 1590. Aus finanziellen Gründen konnten nur zwei Flügel von fünf vollendet werden. Kaiserlich-bayerische Truppen besetzten von 1631 bis 1648 die Wülzburg, was einen Wiederaufbau von 1649 bis 1662 in vereinfachten Formen zur Folge hatte.

Festung Wülzburg, Weißenburg, Festungsschloss

Festung Wülzburg, Weißenburg

Festung Wülzburg, Weißenburg, Portal

1634 war das ursprüngliche Festungsschloss abgebrannt. Die Arkadengänge zum Hof wurden um 1810 vermauert. Preußen übernahm 1791 die Wülzburg, 1806 ging sie an Bayern und 1882 durch Verkauf an die Stadt Weißenburg. Prominentester Gefangener war hier 1918 der spätere französische Präsident Charles de Gaulle. Im Jahre 1929 wurde die Anlage als Schullandheim genutzt, von 1946 bis 1952 als Gefangenen- und Flüchtlingslager.

Schloss Werneck

97440 Werneck
Landkreis Schweinfurt

Werneck, zwischen Würzburg und Schweinfurt an der B 19 am kleinen Fluß Wern liegend, wurde erstmals 1202 unter Bodo von

Schloss Werneck

Rabensberg genannt. 1224 bis 1250 traten der Deutsche Orden und die Ritter Konrad von Reichenberg und Konrad von Schmiedefeld auf. Danach war es Besitz des Hochstiftes Würzburg. Das Schloss war wie Veitshöchheim Sommerresidenz der Fürstbischöfe von Würzburg. Diese frühere Anlage ließ 1553 Markgraf Albrecht Alcibiades von Kulmbach zerstören. Sie wurde um 1600 von Fürstbischof Julius Echter von Mespelbrunn wiederaufgebaut. 1723 brannte die Anlage ab und von 1733 bis 1745 entstand ein Barockschloss als Sommerresidenz von Balthasar Neumann für Fürstbischof Friedrich Karl von Schönborn, dessen Wappen sich im Schaugiebel des Mittelpavillons befindet, als Dreiflügelbau mit vier stark vorgezogenen Eckpavillons. Neben dem selbst an der Planung beteiligten Fürstbischof wirkte als künstlerischer Berater auch Johann Lucas von Hildebrandt mit. In den Jahren 1806 bis 1814 diente das Schloss als Sommersitz für den Erzherzog Ferdinand und war ab 1853 Heil- und Pflegeanstalt, danach Klinik des Bezirks Unterfranken. Nur die Schlosskapelle im Nordwestpavillon ist noch im ursprünglichen Zustand. Im Schloss ist ein Café für die Besucher und im rückwärtigen Bereich ein herrlicher, großer gepflegter Park, zugänglich für die Öffentlichkeit.

Burg Wernfels

91174 Wernfels/Spalt
Landkreis Roth

Die romantische Ritterburg, deren massive Mauern Bischöfe und Fürsten beherbergten, liegt hoch über dem Rezattal im Rangau und der Fränkischen Seenlandschaft. Sie zeugt noch heute von der mittelalterlichen Vergangenheit. Vermutlich gründeten die Abenberger Grafen um 1170 eine Burg, deren Erben, die Nürnberger Burggrafen, ab 1230 die 1283 erstmals erwähnte Höhenburg auf dem heutigen Grundriss mit Bergfried und hohen Mauern errichteten. Von

Burg Wernfels

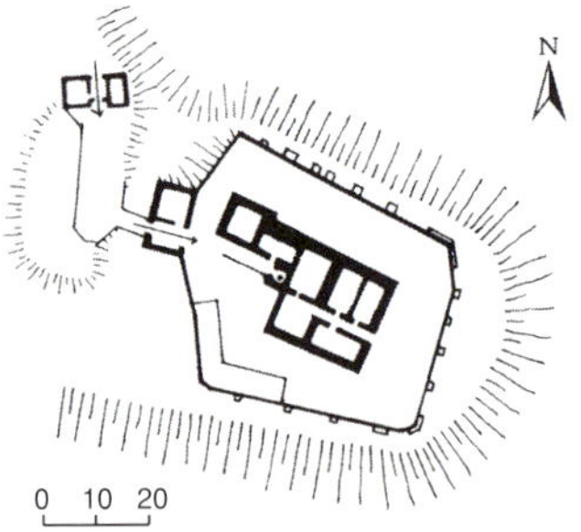

Burg Wernfels, Grundriss

1284 bis zur Säkularisation war sie im Besitz des Hochstifts Eichstätt. Bischof Johann Conrad von Gemmingen ließ die Burg nach einem Brand im Jahre 1600 von Grund auf erneuern. So blieb von der Vorburg nur das spätmittelalterliche Torhaus und die Steinbrücke erhalten. Der mächtige Wohnbau aus Buckelquadern stammt aus der Mitte des 13. Jahrhunderts. Burgenliebhaber verhinderten 1882 den Verfall der Anlage. Seit 1925 wird sie vom CVJM-Landesverband Bayern als Jugendherberge, für Tagungen, Feiern und diverse Veranstaltungen genutzt.

Schloss Wernsdorf

96129 Wernsdorf/Strullendorf

Landkreis Bamberg

Der Zweiflügelbau aus der ersten Hälfte des 17. Jahrhunderts ist östlich von Bamberg am Rande des Naturparks Fränkische Schweiz zu finden. 1114 verzeichnete man die erste urkundliche Erwähnung als „offene purg“, die Fürstbischof Johann Gottfried von Aschhausen 1620 umbauen ließ. Nach 1803 setzte ein langsamer Verfall ein. Andreas Eisfelder, königlicher Forstmeister, gestaltete das Schloss 1896 wieder bewohnbar. Nach 1945 setzte wiederum der Verfall ein. 1993 Übernahme durch

Schloss Wernsdorf

Schloss Wernstein

den eingetragenen Verein Akademie für alte Musik, Kultur und Geistesgeschichte Europas. Im Schloss finden regelmäßig Konzerte und Kurse statt, die sich vornehmlich mit der Zeit des Mittelalters und der Renaissance befassen.

Schloss Wernstein

95336 Wernstein/Mainleus

Landkreis Kulmbach

Die Freiherren von Künßberg besaßen 1376 westlich von Kulmbach eine Burganlage. Der Kernbau des oberen Schlosses, bestehend aus einem Nord- und Westflügel, stammt wohl aus der Mitte des 14. Jahrhunderts und wurde 1563 im Stile der Renaissance entscheidend umgestaltet. Die Neuanlage des seit 1486 nachgewiesenen Unteren Schlosses wurde von 1586 bis 1593 gebaut. Im 18. Jahrhundert wurde es mit dem Innenhof und zwei Treppentürmen von 1567 und 1609 barockisiert. Das untere Schloss ist ein lang ge-

Schloss Wernstein

streckter Bau aus zwei in stumpfen Winkeln zueinander stehenden Flügeln. Am Südflügel befinden sich zwei Halbrundtürme, und der Nordflügel geht auf die Mitte des 19. Jahrhunderts zurück. In privater Nutzung liegend, ist es für Besucher nicht zugänglich.

Schloss Wetzhausen Schloss Craheim

97488 Wetzhausen/ Markt Stadtlauringen

Landkreis Schweinfurt

Das **Schloss Wetzhausen** ist im gleichnamigen Ort nördlich von Schweinfurt und südlich vom Naturpark Haßberge zu finden. Die mächtige, viergeschossige Anlage in vier Flügeln um einen rechteckigen Hof, mit polygonalen Ecktürmen und einem Erker an der Vorderfront, entstand im 16. Jahrhundert auf der Grundlage eines Vorgängerbaus des frühen 14. Jahrhunderts. 1346 begründete Dietz von Truchseß die Wetzenhausener Linie, den Stammsitz des alten fränkischen Geschlechts der Truchsesse von Wetzhausen, ein Ministerialengeschlecht der Grafen von Henneberg. 1525 wurde im Bauernkrieg die erste Anlage zerstört.

Der königlich preußische Rittmeister Crafft Freiherr Truchseß von und zu Wetzhausen plante mit seiner Gattin Clara, geb. Erhart, ein neues Schloss auf dem Pappelberg östlich des Stammschlosses zu bauen. Die Architekten Jakober und Mathys erhielten 1908 den Auftrag zur Errichtung der Schloss- und Gartenanlage, die 1910 fertiggestellt

Schloss Wetzhausen

war. Den Namen **Craheim** leitete das Bauherrenehepaar von seinen beiden Vornamen ab und sie lebten in der neubarocken Anlage bis 1943. In der Folge beschlagnahmte die Wehrmacht das Objekt und richtete ein Lazarett ein, das darauf die Amerikaner zu gleichen Zwecken und als Stabsquartier nutzten. Ab 1946 diente Schloss Craheim als Innere Mission, Blindenheim und für Russlandheimkehrer. Von 1950 bis 1967 war es Schule mit Internat und ab 1968 Begegnungsstätte des „Lebenszentrums für die Einheit der Christen". Die weitläufige Parkanlage ist der Öffentlichkeit zugänglich.

Schloss Craheim, Wetzhausen

Schloss Wiesenthau

91369 Wiesenthau
Landkreis Forchheim

Die erste urkundliche Erwähnung des Ortes geht auf das Jahr 1062 im Zusammenhang mit dem Königshof Forchheim zurück. Das heutige Renaissanceschloss liegt im Nordbereich der Gemeinde, am Fuße des Walberla, östlich von Forchheim. Urkundlich nachgewiesen wurden seit 1128 die Bamberger Ministerialen, die Herren von Wiesenthau. Eine Burg wird urkundlich erstmals 1379 erwähnt und war freieigener Besitz der Herren von Wiesenthau, die in diesem Jahr einen Teil der Burg an das Hochstift Bamberg verkauften. Später kam sie unter Bamberger Lehnshoheit und die Herren von Wiesenthau blieben im Besitz der Anlage. Schwere Schäden erlitt sie 1430 durch die Hussiten und 1525 im Bauernkrieg. Grundlegend umgebaut wurde die Burg 1566 und verblieb bis zum Aussterben der Herren von Wiesenthau im Jahre 1814, mit einer kurzzeitigen Ausnahme, immer im Besitz dieser Familie. Gestaltet ist das nunmehrige Renaissanceschloss als eine dreiflügelige Anlage mit vier Ecktürmen aus der Mitte des 16. Jahrhunderts. Auf das späte Mittelalter gehen der Hauptflügel mit seinen Ecktürmen und der Westflü-

Schloss Wiesenthau

Schloss Wiesentheid

gel zurück. Nach umfassender Sanierung in den Jahren 1985 bis 1992 wird die Anlage heute als Hotel und Gasthof genutzt.

Schloss Wiesentheid

97353 Wiesentheid
Landkreis Kitzingen

Auf einer stilisierten Abbildung zweier Türme der Casteller Wildbannkarte von 1497 ist das nordöstlich von Kitzingen liegende Schloss zu erkennen. Graf Leonhard von Castell gab 1411 dem Ritter Burkard von Wipfelt das Schloss, einen Hof und einen Teil von Wiesentheid zu Lehen. Im Jahre 1547 vollzog Valentin Fuchs von Dornheim umfassende Veränderungen, als er den Besitz vom Grafen Conrad von Castell als Erblehen erwarb. Vier Generationen bewohnten das Anwesen bis 1673. Nach mehreren Besitzerwechseln folgte bis 1701 Maria Eleonore Gräfin von Dernbach, die Rudolph Franz Erwein von Schönborn heiratete. Seitdem befindet sich das Schloss in der Hand der Grafen. Bei den umfangreichen Baumaßnahmen von 1711 bis 1765 wurde der Gartensaal zur heutigen Schlosskapelle umgestaltet.

Schloss Windelsbach

Schloss Windelsbach

91635 Windelsbach
Landkreis Ansbach

Der einstige Besitz der Herren von Nordenberg ist östlich von Rothenburg ob der Tauber zu finden. Sie hatten den Ort ab 1383 an die Reichsstadt Rothenburg verkauft, deren Burg Nordberg 1407 der Burggraf Friedrich VI. von Nürnberg eroberte und später schleifte, um einen Stützpunkt gegen Rothenburg zu erlangen. Als Ersatz ließ er in Windelsbach ein festes Steinhaus bauen. Vor dem heutigen Schloss gab es hier einen festen Ansitz der Reichsküchenmeister von Nordenberg. Das Schloss wurde 1536 an den Markgrafen von Ansbach verkauft und 1573 für sein Jagdvergnügen vollendet. Baulich war es ursprünglich eine vierflügelige Anlage mit Ecktürmen, Innenhof und Hauptturm mit Uhr. Beschädigungen erlitt die Anlage im Dreißigjährigen Krieg und musste teils abgebrochen werden, worauf die im Privateigentum befindliche, zweiflügelige Anlage in der heutigen Form entstand. In dem Gebäude ist ein Therapiezentrum untergebracht.

Deutschordensschloss

91639 Wolframs-Eschenbach
Landkreis Ansbach

Graf Boppo II. von Wertheim, der um 1212/1220 in Eschenbach, südöstlich von Ansbach gelegen, Fuß fasste, schenkte dem Deutschen Orden die Kirche. Der Orden festigte Mitte des 14. Jahrhunderts seine Stellung in Eschenbach durch Kauf, Tausch und großzügige Schenkungen. Der bedeutendste deutschsprachige Dichter und Epiker des Mittelalters, Wolfram von Eschenbach, wurde in der Pfarrkirche seiner Heimatstadt bestattet, die 1917 im Einvernehmen mit dem bayerischen König Ludwig III. von Obereschenbach in Wolframs-Eschenbach umbenannt wurde. Die zweiflügelige Schlossanlage mit angebautem Zehntstadel und zwei Eckerkern sowie geschweiften Giebeln wurde 1623 als Absteige des Landkomturs errichtet. Im Innenhof steht ein polygonaler Treppenturm. Des Weiteren zieren das Schloss ein schönes Portal sowie mehrere Steinwappen des Deutschordenmeisters Erzherzog Karl und des Komturs Johann Eustach von Westernach sowie eines Ritters. Es dient als Rathaus, besitzt Museumsräume und eine Gaststätte.

Deutschordensschloss, Wolframs-Eschenbach

Schloss Wolfsmünster

97782 Wolfsmünster/ Gräfendorf

Landkreis Main-Spessart

Wolfsmünster liegt nordöstlich von Gemünden im Saaletal und wird urkundlich als Klostergründung im Jahre 803 bis 816 erwähnt. Das malerische Schloss liegt am Südende des Ortes, am Fuß des Sodenberges. Lehensträger und Besitzer waren die Grafen von Rieneck und die Herren von Thüngen. Das Schloss im Stil der Spätrenaissance wurde im Jahre 1584 unter Albrecht von Thüngen erbaut und seit Mitte des 17. Jahrhunderts lag es im Besitz des Julius-Spitales Würzburg. Die zwei parallelen Langflügel sind durch einen Querbau verbunden und mit Treppengiebeln sowie Treppenturm gestaltet worden. Über dem stuckierten Portal ist die Jahreszahl 1584 zu erkennen und über dem Türsturz findet sich das Wappen von Wolfsmünster. Im 19. Jahrhundert ging das Schloss in Privatbesitz über. Der ehemalige Besitzer, Stadtrat W. Hanau aus Frankfurt, war Kunstsammler. Seine Kunstgegenstände sind

Schloss Wolfsmünster

aber heute nur noch teilweise vorhanden. Die Stadt Frankfurt richtete nach Erwerb des Schlosses ein Kinderheim ein, gab die Anlage, die in der Folge zu verfallen begann, jedoch 1974 auf.

Schloss Wonfurt

97539 Wonfurt

Landkreis Haßberge

In einer Fuldaer Urkunde wird der Ort, südlich von Haßfurt gelegen, erstmals im Jahre 906 erwähnt. Im 15. und 16. Jahrhundert sind die Fuchs im Besitz des Edelsitzes, von denen er an das niederländische Adelsgeschlecht van der Beek gelangte und später an die Herren von Sommerau. Seit 1764 ist das Ende des 16. Jahrhunderts von Fuchs erbaute und 1695 barockisierte Schloss im Besitz der Freiherren von Seckendorff-Aberdar. Es stellt eine regelmäßige ehemalige Wasserschlossanlage mit vier Ecktürmen und einem schönen Binnenhof mit vorgezogenem Flügel an der Rückseite dar. Heute dient es Wohnzwecken, aber auch Feste werden hier ausgerichtet.

Schloss Wonfurt

Burg Zwernitz und Felsengarten Sanspareil

96197 Wonsees

Landkreis Kulmbach

Die Burg steht auf einem steilen Felsen in der nördlichen Fränkischen Alb, wo sich auch der Ort Wonsees befindet. Erstmals wird sie 1156 als Burg des Friedrich und Uodalrich de Zvernze aus dem Geschlecht der Walpoten erwähnt und ist 1260 im Besitz der Grafen Otto und Hermann von Orlamünde. Später ging sie an die Burggrafen von Nürnberg aus dem Hause Hohenzollern und blieb in deren Besitz, bis die Markgrafschaft Kulmbach-Bayreuth im Jahr 1810 an Bayern fiel. Die Burg wurde von den Nürnbergern unter Obrist Haug von Parsberg 1553 niedergebrannt und im Dreißigjährigen Krieg 1634 erneut beschädigt, worauf sie an Bedeutung verlor. 1745 lässt die Markgräfin Wilhelmine von Bayreuth

Felsengarten Sanspareil, Wonsees, Morgenländischer Bau

das Schloss und Garten Sanspareil bis 1748 im Rokokostil als „Sommerfrische“ durch Joseph Saint-Pierre erbauen. Die Burg und der im Park stehende Morgenländische Bau sowie das Römische Grottentheater, in dem Aufführungen gegeben werden, sind ein beliebtes Ausflugsziel mit vielfältigen Veranstaltungen und Anziehungspunkt für Historienfreunde. Den Namen Sanspareil („Ohnegleichen“) erhielt die Anlage 1746. Trotz des Verkaufs von großen Teilen der Anlage auf Abbruch bis 1839 durch König Ludwig I. von Bayern gelang es der Bayerischen Schlösserverwaltung ab 1942, die übrigen Bauten zu retten und zu sanieren.

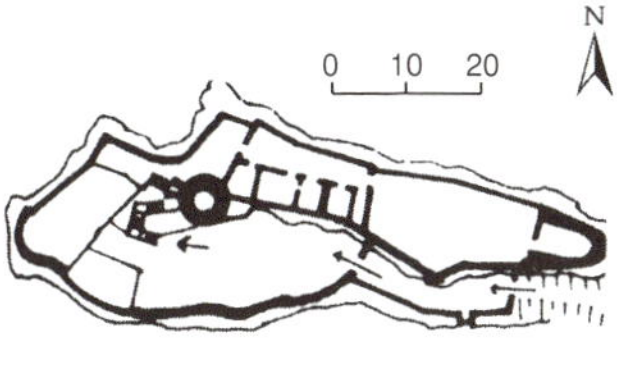

Festung Marienberg und Fürstbischöfliche Residenz

97070 Würzburg

Bis heute ist das beherrschende Wahrzeichen der einstigen Bischofsstadt die **Festungsanlage Marienberg** mit ihren barocken Bastionen und dem innen liegenden Renaissanceschloss, in dem die Fürstbischöfe mehr als 450 Jahre lang, von der Mitte des 13. Jahrhunderts bis 1719, residierten. Älteste Funde stammen aus der Urnenfelder- und Hallstattzeit und der hier vermutete Ringwall wurde wohl durch spätere Bebauung verwischt. Schon 705 befand sich hier ein Stützpunkt fränkisch-thüringischer Herzöge. Eine spätere Überlieferung verweist darauf, dass 706 Herzog Hetan II. eine Bergkirche gründete und

Burg Zwernitz, Wonsees

Burg Zwernitz, Wonsees, Grundriss

Würzburg

Festung Marienberg, Würzburg

Karlmann 742 den Berg und die Kirche dem Bistum Würzburg schenkte. 1198 begann Konrad von Querfurt mit dem Ausbau des Marienberges zur bischöflichen Burg mit dem Rundturm im Hof, der weithin sichtbar die fürstbischöfliche Macht am Main symbolisierte. Hermann von Lobdeburg baute um 1230 einen zweiten Palas, dessen Reste im heutigen Fürstenbau aufgingen. Ab 1253 war die Festung ständig bewohnt und 1308 wurde der Randersackerer Turm an der Südostecke als Sühnebau der Bürger errichtet. Otto von Wolfskeel setzte sich sein Denkmal mit dem Bau des turmbewehrten äußeren Berings und einem verdeckten Wehrgang. Das sogenannte Scherenbergtor ist eine Schöpfung des Gottfried Schenk von Limpurg aus der Zeit um 1433 bis 1445. Der Ausbau der Burg durch Rudolf von Scherenberg von 1466 bis 1495 ist heute kaum noch wahrnehmbar. Vom Nachfolger, Lorenz von Bibra, wurde die nach ihm benannte Wendeltreppe am Fürstenbau in Auftrag gegeben. Um 1510 begann der schlossartige Umbau der vierflügeligen Wehranlage, doch der Bau zum Renaissanceschloss vollzog sich von 1573 bis 1617 unter Julius Echter von Mespelbrunn. In den Jahren 1572 und 1600 beschädigten Brände die Anlage. Von 1605 bis 1607 entstand die ausgedehnte Vorburg westlich des Grabens, die sogenannte Echterbastei, ein charakteristischer Wehrbau dieser Zeit. König Gustav Adolf von Schweden eroberte 1631 die Festung. Dies markiert gleichzeitig den Beginn neuer Befestigungen der Barockzeit, in großzügiger Planung unter Johann Philipp von Schönborn 1642 bis 1673 und seinen Nachfolgern, gestaltet durch die Baumeister Michael Kaut, Johann Fernauer und Johann Philipp Preiß. Um das Jahr 1650 wird der Fürstengarten vor der Ostseite angelegt und von 1709 bis 1712 nach Plan von Andreas Müller, dem Lehrer Balthasar Neumanns, der Echterbastei das zweiflügelige Zeughaus mit dem Kommandantenbau vorgelegt. Als um 1720 die Fürstbischöfe ihre Residenz in die Stadt verlegten, wurden zwar noch ab 1729 der Maschikuliturm und die Teufelsschanze gebaut und somit der Festungsring vollendet, doch 1867 die Festung aufgegeben und stark vernachlässigt. Restauriert wurde die Anlage 1936 bis 1939, brannte aber 1945 weitgehend aus. Obwohl Marienberg bereits wieder in voller Pracht über der Stadt thront, wird an ihrer vollständigen Wiederherstellung gearbeitet. Das Zeughaus und die Echterbastei beherbergen seit 1946 das Mainfränkische Museum mit reichen Kunst- und kulturgeschichtlichen Sammlungen aus dem mainfränki-

Oben: Festung Marienberg, Würzburg, Scherenbergtor
Unten: Festung Marienberg, Würzburg, Kiliansturm

Festung Marienberg, Würzburg, Marienkirche

schen Bereich. Hervorzuheben sind Werke Tilman Riemenschneiders, Kunst der Gotik, der Renaissance und des Barock sowie die Galerie fränkischer Barockmalerei, Kunstgewerbe sowie Möbel, Glas und Fayencen. Informieren kann man sich zur Vor- und Frühgeschichte Unterfrankens, über Volkskunde und die Fränkische Weinkultur. Sammlungen zur Stadtgeschichte befinden sich im angegliederten Fürstenbaumuseum.

Im Jahre 1683 beschließt das Domkapitel, die Hofhaltung in die Stadt zu verlegen. 1701 bis 1704 wird an der Stelle der heutigen **Residenz** als deren Vorläufer das sogenannte dreiflügelige Rennwegerschlösschen mit Ehrenhof durch Antonio Petrini erbaut, jedoch nie bezogen. Mit dem Regierungsantritt von Johann Philipp Franz von Schönborn 1719 fiel die Entscheidung, die Stadtresidenz auszubauen und der Residenzneubau wurde als das große Familienunternehmen der Schönborns betrachtet. Charakteristische Merkmale eines Stadt- und Landschlosses spiegeln sich in dem heutigen prachtvollen, pompösen Bauwerk wider. Das Corps de Logis und der Gartenflügel bergen die Prunk- und Paraderäume, die mit dem fürstbischöflichen Appartement die Stellung des Fürstbischofs zu Reich und Kaiser verdeutlichten. Im Erdgeschoss zum Hof befindet sich das Vestibül und zum Garten die Sala terrena. Im Hauptgeschoss zum Hof liegt der Weiße Saal und zum Garten der Kaisersaal. Vom Letzteren ausgehend bilden die südlichen und nördlichen Kaiserzimmer eine einzige Enfilade in der gesamten Länge des Gartenflügels. Im Nordflügel, dem sogenannten Rennwegtrakt, ist die Staatsgalerie untergebracht. Die Paradezimmer im Gartenflügel stellen das Kaiserappartement dar, das dem Kaiser zur Verfügung stand, als er sich auf dem Weg zur Krönung nach Frankfurt in Würzburg aufhielt. Die Ausstattung der nördlichen Kaiserzimmer mit dem Appartement der Kaiserin, ist von 1743 mit Veränderungen aus den Jahren 1749 bis 1754. In der Staatsgalerie befindet sich die venezianische Malerei vom 16. zum 18. Jahrhundert, im Stadtflügel des Nordblocks das Seinsheimzimmer und im Zwischentrakt des Nordblocks gelegen der Fürstensaal, den 1771/72 Marterno Bossi schuf. 1945 wurde auch die Residenz zerstört und von 1973 bis 1978 rekonstruiert. Mit dem prachtvollen Hofgarten, durch Maximilian von Welsch und Balthasar Neumann geplant, wurde nach Fertigstellung der Residenz begonnen.

Schloss Steinburg

97080 Würzburg

Schloss Steinburg liegt am nördlichen Rand Würzburgs über dem Ort Oberdürrbach, wo Mitte des 13. Jahrhunderts eine Burg der Familie von Hohenlohe stand, die um 1356 zerstört wurde. Der Patrizier Peter Schneider erbaute 1897/98 eine kleine Festung im Tudorstil und richtete ein Burg-Restaurant ein. Da dieser einige Bauvorhaben nicht genehmigt bekam,

Fürstbischöfliche Residenz, Würzburg

verkaufte er seinen Besitz an den Winzer J. W. Meuschel. Im Jahre 1912 pflanzte König Ludwig von Bayern bei einem Besuch vor dem Schloss eine Rebe. Seit 1937 ist die Steinburg im Besitz der Familie Betzold, die von 1953 bis 1986 die Schlossanlage ausbaute und heute ein modernes Hotel betreibt und ihr Anwesen für Konferenzen und Feste zur Verfügung stellt. Vom Schloss hat man einen herrlichen Ausblick auf Würzburg und das umliegende Land.

Schloss Steinburg, Würzburg

Schloss Zedtwitz

95183 Zedtwitz/Feilitzsch

Landkreis Hof

Den Vorgängerbau des Schlosses, nördlich von Hof gelegen, hatte vermutlich bis um 1500 die Familie von Zedtwitz im Besitz, deren Herrschaft mit dem Ausklang des Mittelalters hier endete. Von 1502 bis 1577 sind die Herren von Feilitzsch auf den Zedtwitzer Besitzungen nachgewiesen, bis sie Abraham von Fei-

litzsch 1577 an Utz von Ende verkaufte. Diese Familie besaß die Güter bis 1638, worauf der markgräfliche Obrist Peter Reuschel als Eigentümer folgte. Der Geheime Rat Erdmann von Stein gelangte 1717 an das Gut und ließ von 1718 an die Wirtschaftsgebäude und den weitläufigen barocken Schlossbau errichten. Seine Töchter verkauften Schloss und Gut an die von Plotho. Erich Christoph von Plotho, Minister von Friedrich dem Großen, war eine politisch hochgestellte Persönlichkeit auf Zedtwitz. Ab 1852 ging der Gutsbesitz in bürgerliche Hände. Heute ist dort ein Pflegeheim untergebracht.

Oben: Schloss Zedtwitz

Unten: Schloss Zeil, Zeil am Main

Schloss Zeil
97475 Zeil am Main
Landkreis Haßberge

Das heutige Schloss liegt südöstlich von Haßfurt, wo etwa im Jahre 1300 die Burg, der Sitz eines Zentgerichtes, stand. Der Bau wurde vom Bamberger Fürstbischof Lothar von Schönborn um 1705 errichtet und wegen seines repräsentativen Aussehens als Schloss bezeichnet. Da hier später auch die Bischöfe anlässlich ihrer Hofjagden wohnten, war schnell von einem Jagdschloss die Rede. Ab 1804 diente der ansehnliche dreiflügelige, um 1700 gebaute Komplex dem Königlichen Rentamt als Amtsgebäude und heute ist dort das Finanzamt untergebracht.

Schloss Zeilitzheim
97509 Zeilitzheim/
Gem. Kolitzheim
Landkreis Schweinfurt

Zwischen Volkach und Gerolzhofen liegt im Zentrum von Zei-

Zeilitzheim

Schloss Zeilitzheim

litzheim das etwa 300 Jahre alte Schloss. 1278 wird hier ein Rittersitz genannt und bis gegen Ende des 14. Jahrhunderts als „von Zulichsheim" bezeugt. Es war vermutlich eine Wasserburg mit Wall und Graben, die nach dem Aussterben des Geschlechts an den Bischof von Würzburg ging. In der Folge saßen hier verschiedene Besitzer. Die Herrn von Grumbach und Fuchs von Bimbach waren Besitzer im 16./17. Jahrhundert. Der kaiserliche Oberst Hans Wolf von Wolfsthal kaufte die Burg 1640 von seinem Schwiegervater, Fuchs von Bimbach zu Neuses am Sand. Von 1677 bis 1678 erbaute Andreas Kessler aus Zeil, unter Beratung von Antonio Petrini, für Graf Philipp von Wolfsthal ein repräsentativeres Schloss. 1713 verstarb plötzlich der Erbe und das Geschlecht drohte auszusterben, so adoptierte Philipp Gaston Wolf von Wolfsthal kurzerhand seinen Freund, den Grafen von Schönborn-Wiesentheid. Nachdem das Schloss verkauft war, wurde hier eine katholische Ortskirche und Schule eingerichtet und durch den Pfarrer und einige Nonnen bewohnt. Seit 1979 ist die Familie von Halem Eigentümer und betreibt ein Hotel. Es werden auch kulturelle Veranstaltungen organisiert.

Schloss Zeitlofs

97799 Zeitlofs
Landkreis Bad Kissingen

Südwestlich von Bad Brückenau am linken Ufer der Sinn gelegen, steht nördlich vom Ort Zeitlofs, eingebettet in eine weitläufige Gartenanlage in englischem Stil, das Schloss. Auch dieses hatten seit dem frühen 15. Jahrhundert die Herren von Thüngen in ihrem Besitz, die in hiesiger Region weitere barocke Landschlösser errichteten. Der heutige zweigeschossige Bau mit Mansarddach stammt aus der Zeit um 1782. Der Saal ist versehen mit einer Spiegeldecke in klassizistischer Dekoration. Sehenswert ist die vor dem Schloss befindliche Brunnenschale, die mit Löwenköpfen und Wappenschildern reich geziert ist. Das Anwesen bewohnen nach wie vor die Nachkommen der Familie Thüngen.

Schloss Ziegelsdorf

96253 Ziegelsdorf/
Gem. Untersiemau
Landkreis Coburg

Im Jahre 1234 hat vermutlich schon eine alte Hofstatt südlich von Coburg in Ziegelsdorf gestanden. Das heutige Schloss und frühere Herrenhaus des Gutshofes wurde im Stile der Neugotik errichtet. Besitzer waren Johann Adam Siegmund von

Schloss Zeitlofs

Schloss Ziegelsdorf

Völderndorf und Waradein, darauf Carl Ernst Christian Tritschler von Falkenstein und anschließend Hans Carl Heinrich, Freiherr von Seebach aus Thüringen. Ida Fries pflegte den letzten Freiherrn auf Ziegelsdorf, Werner von Seebach, und erhielt zum Dank testamentarisch den Besitz überschrieben. Einer ihrer Neffen verkaufte das Schloss 1937 an den Landwirt W. Treiber, dessen Nachkommen noch heute hier wohnen.

Objektregister

Objektregister

Objektregister

Objektregister

Objektregister

Objektregister

Objektregister

Die Objektnummern beziehen sich auf die Karte im Umschlag.

Quellenverzeichnis

Georg Dehio
Handbuch der deutschen Kunstdenkmäler, Franken
Deutscher Kunstverlag, München, Berlin, 1998

Bertelsmann Universal Lexikon in 20 Bänden
Bertelsmann Lexikon Verlag GmbH, Gütersloh, 1992

Thaddäus Troll
Romantische Burgen in Deutschland
Stürtz Verlag Würzburg, 1979

H.-Günter Richardi, Alfred A. Haase
Burgen, Schlösser und Klöster in Bayern
Ringier & Co AG Zürich/München, 1978

Fritz Mahnke
Schlösser und Burgen im Umkreis der fränkischen Krone
Druck- und Verlagsanstalt Neue Presse GmbH Coburg, 1974

Die schönsten Ausflugsziele – Schlösser und Burgen
Burgen und Schlösser in Deutschland
Bayerische Schlösserverwaltung

Susanne Ulrici, Edmond van Hoorick
Schlösser in Deutschland
Stürtz Verlag Würzburg, 1985

Gilbert Frhr. von Sohlern
Burgführer Gössweinstein, 1994

Neue Residenz Bamberg
Bayerische Verwaltung der Staatlichen Schlösser, Gärten und Seen,
München, 1995

Ehrenburg Coburg
Bayerische Verwaltung der Staatlichen Schlösser, Gärten und Seen,
München, 1990

Burg Zwernitz
Bayerische Verwaltung der Staatlichen Schlösser, Gärten und Seen,
München, 1995

Quellenverzeichnis

Festung Rosenberg – Große Baudenkmäler
Deutscher Kunstverlag München
Berlin, 1990

Burg Lauenstein
Bayerische Verwaltung der Staatlichen Schlösser, Gärten und Seen,
München, 1996

Heinz Rötter
Schlösser in Unterfranken
Druck- und Verlagsanstalt Neue Presse Coburg GmbH, 1991

Reisezeit Zeitreise
Verlag Schnell + Steiner GmbH Regensburg, 1999

Klaus Leidorf, Peter Ettel
Burgen in Bayern
Theiss Verlag, 1999

Zeit für Burgen und Schlösser
Bucher Verlag GmbH München, 2004

Horst Zielske, Jan-Wellem van Diekmes
Wasserschlösser und Wasserburgen
Umschau-Verlag Frankfurt am Main, 1985

Deutschland neu entdecken
Fink – Kümmerly + Frey, Ostfildern 4

Wolframs-Eschenbach
Verlag Schnell & Steiner GmbH Regensburg, 7. Auflage, 2007

Walter und Stephan Thierfelder, Ernst-Otto Luthardt
Burgen und Schlösser in Franken
Sonderausgabe für Flechsig-Buchvertrieb,
Verlagshaus Würzburg GmbH & Co. KG, Würzburg

Vorlagen von Archivaren, Ortschronisten, Museumsmitarbeitern und Privatbesitzern von Burgen und Schlössern sowie Einzelpersonen

Daten zu den Burgen und Schlössern aus dem Internet

Touristinformationen und Fremdenverkehrsämter

Regierungsbezirk Unterfranken

Landkreis Aschaffenburg
Spessart-Main-Odenwald Touristinformation, Bayernstraße 18
63739 Aschaffenburg, Tel.: 06021/394271, Fax: 06021/394258
Internet: spessart-touristinfo.de

Stadtverwaltung Aschaffenburg Fremdenverkehr, Schlossplatz 1
63739 Aschaffenburg, Tel.: 06021/395800

Landkreis Bad Kissingen
Touristikinfostelle Bad Kissingen
Kur- und Tourismus-Information Bad Kissingen
Bayer. Staatsbad Bad Kissingen GmbH, Am Kurgarten 1
97688 Bad Kissingen, Tel.: 0971/8048211, Fax: 0971/8048239
E-Mail: tourismus@badkissingen.de Internet: www.badkissingen.de

Landkreis Haßberge
Tourist-Information Haßberge, Obere Sennigstraße 4
97461 Hofheim, Tel.: 09523/92290, Fax: 09523/267
E-Mail: info@hassbergetourismus.de, Internet: www.hassberge-tourismus.de

Touristinformation Steigerwald, Hauptstraße 1
91443 Scheinfeld, Tel.: 09162/12424, Fax: 09162/12433
E-Mail: info@steigerwald-info.de Internet: www.fuenf-sterne.de

ritz regionales informations- und tourismuszentrum für die naturparke steigerwald und haßberge, Marktplatz 7
97483 Eltmann a. Main, Tel.: 09522/89970, Fax: 09522/89975
E-Mail: info@ritz-eltmann.de Internet: www.ritz-eltmann.de

Landkreis Kitzingen
Tourist-Information Stadt Kitzingen, Schrannenstraße 1
97318 Kitzingen, Tel.: 09321/920049, Fax: 09321/21146
E-Mail: touristinfo@kitzingen.info

Main-Spessart-Kreis
Touristinformation, Karlstadt, Hauptstraße 56
97753 Karlstadt, Tel.: 09353/981347
E-Mail: info@tourismus-karlstadt.de

Stadt Lohr Touristinformation, Schlossplatz 5
97816 Lohr a. Main, Tel.: 09352/848460
E-Mail: tourismus@lohr.de

Tourist-Information, Schulgasse 4
97794 Rieneck, Tel.: 09354/97330, Fax: 09354/973333
E-Mail: poststelle@rieneck.bayern.de

Landkreis Miltenberg
Tourist-Information, Brückenstraße 2
63897 Miltenberg, Tel.: 09371/501502, Fax: 09371/50179502
E-Mail: info@tg-odenwald.de Internet: www.rothenberg-odw.de

Tourist-Information, Hauptstraße 26a
63911 Klingenberg a. Main, Tel.: 09372/921259, Fax: 09372/12354

Landkreis Rhön-Grabfeld
Tourist-Information Rhön, Spörleinstraße 11
97616 Bad Neustadt a. d. Saale, Tel.: 09771/94670, Fax: 09771/9481670
E-Mail: tourist@rhoen-grabfeld.de

Landkreis Schweinfurt
Tourist-Information Schweinfurt, Brückenstraße 20
97421 Schweinfurt, Tel.: 09721/51498, Fax: 09721/51588
E-Mail: tourismus@schweinfurt.de Internet: www.schweinfurt.de

Landkreis Würzburg
Tourist-Info und Stadtführung in Würzburg
Tourist-Information, Falkenhaus am Markt
97070 Würzburg, Tel.: 0931/372398, Fax: 0931/373952
Internet: www.wuerzburg.de

Touristinformation, Luitpoldstraße 17
97828 Marktheidenfeld, Tel.: 09391/500441

Sarawak Tourism Board, Raiffeisenstraße 8
97209 Veitshöchheim, Tel.: 0931/9002104, Fax: 0931/9002199
E-Mail: www.sarawaktourism.com

Regierungsbezirk Mittelfranken

Landkreis Ansbach
Touristinformation, Johann-Sebastian-Bach-Platz 1
91522 Ansbach, Tel.: 0981/51243, Fax: 0981/8139
E-Mail: akut@ansbach.de

Touristinformationen und Fremdenverkehrsämter

TouristikService, Marktplatz
91550 Dinkelsbühl, Tel.: 09851/90240, Fax: 09851/90279
E-Mail: touristik.service@dinkelsbuehl.de / info@dinkelsbuehl.de

Landkreis Erlangen-Höchstadt
Verkehrsverein, Rathausplatz 1
91052 Erlangen, Tel.: 09131/89510, Fax: 09131/895151
E-Mail: info@stadt.erlangen.de

Stadt Höchstadt, Marktplatz 5
91315 Höchstadt, Tel.: 09193/6260, Fax: 09193/626153
E-Mail: stadt@hoechstadt.de

Landkreis Fürth
Tourist-Information, Maxstraße 42
90762 Fürth, Tel.: 0911/7406615, Fax: 0911/7406617
E-Mail: bmp@fuerth.de

Landkreis Neustadt a. d. Aisch-Bad Windsheim
Tourist-Information, Marktplatz 5
91413 Neustadt a. d. Aisch, Tel.: 09161/66614, Fax: 09161/66615
Internet: www.bayern-touristinformation.de

Tourist-Information, Erkenbrechtallee 2
91438 Bad Windsheim, Tel.: 09841/4020, Fax: 09841/40299
E-Mail: tourismus@bad-windsheim.de

Stadt Nürnberg
Congress- und Tourismus-Zentrale Nürnberg, Frauentorgraben 3
90443 Nürnberg, Tel.: 0911/23360, Fax: 0911/2336166
E-Mail: tourismus@nuernberg.de / Internet: www. nuernberg.de

Landkreis Nürnberger Land
Verkehrsamt, Urlasstraße 22
91207 Lauf a. d. Pegnitz, Tel.: 09123/184113, Fax: 09123/184184
E-Mail: info@lauf.de

Landkreis Roth
Tourist-Information im Schloss Ratibor, Hauptstraße 1
91154 Roth, Tel.: 09171/848513, Fax: 09171/848519
E-Mail: tourismus@stadt-roth.de

Landkreis Weißenburg-Gunzenhausen
Amt für Kultur und Touristik, Martin-Luther-Platz 3
91781 Weißenburg, Tel.: 09141/907124, Fax: 09141/907121
E-Mail: akut@weissenburg.de / stadt@weissenburg.de

Touristinformation, Marktplatz 25
91710 Gunzenhausen, Tel.: 09831/508300, Fax: 09831/508179
E-Mail: touristik@gunzenhausen.de / stadt@gunzenhausen.de

Regierungsbezirk Oberfranken

Landkreis Bamberg
Tourismus und Kongress Service, Geyerswörthstraße 3
96047 Bamberg, Tel.: 0951/871161, Fax: 0951/871960
E-Mail: touristinfo@bamberg.de / info@stadt.bamberg.de

Landkreis Bayreuth
Kongress- und Tourismuszentrale, Luitpoldplatz 9
95444 Bayreuth, Tel.: 0921/88588, Fax: 0921/88555
E-Mail: info@bayreuth-tourismus.de / bayreuth@bayreuth.de

Landkreis Coburg
Tourismus und Congress Service, Herrngasse 4
96450 Coburg, Tel.: 09561/74180, Fax: 09561/741829
E-Mail: info@coburg-tourist.de / info@coburg.de

Landkreis Forchheim
Tourist-Information, Hauptstraße 24
91301 Forchheim, Tel.: 09191/714338, Fax: 09191/714206
E-Mail: tourist@forchheim.de

Landkreis Hof
Tourist-Information, Ludwigstraße 24
95028 Hof, Tel.: 09281/815666, Fax: 09281/815669
E-Mail: touristinfo@stadt-hof.de / post@stadt-hof.de

Landkreis Kronach
Fremdenverkehrsbüro, Marktplatz 5
96317 Kronach, Tel.: 09261/97236, Fax: 09261/97236
E-Mail: ti-kronach@gmx.de

Landkreis Kulmbach
Tourist Service, Sutte 2
95326 Kulmbach, Tel.: 09221/95880, Fax: 09221/958844
E-Mail: aures@stadt-kulmbach.de

Landkreis Lichtenfels
Städtisches Verkehrsamt, Marktplatz 1
96215 Lichtenfels, Tel.: 09571/7950, Fax: 09571/795194
E-Mail: verkehrsamt@lichtenfels-city.de / rathaus@lichtenfels-city.de

Touristinformationen und Fremdenverkehrsämter

Landkreis Wunsiedel
Verkehrsamt, Jean-Paul-Straße 5
95632 Wunsiedel, Tel.: 09232/602162, Fax: 09232/602169
E-Mail: willkommen@wunsiedel.de